# *l'ABCdaire des vins de Bordeaux*

Sous la direction de Bruno Boidron



Éditions Féret

Flammarion

S O M M

## Annexes

## L'abécédaire

Il se compose des notices suivantes, classées par ordre alphabétique.
À chacune d'elles est associée une couleur qui indique sa nature :

### Les appellations de la renommée

*Barsac*
*Blaye, Côtes de Blaye, Premières Côtes de Blaye*
*Bordeaux & Bordeaux Supérieur*
*Bordeaux Côtes de Francs*
*Cadillac*
*Cérons*
*Côtes de Bordeaux Saint-Macaire*
*Côtes de Bourg*
*Côtes de Castillon*
*Crémant de Bordeaux*
*Entre-deux-Mers & Entre-deux-Mers Haut-Benauge*
*Fronsac & Canon-Fronsac*
*Graves & Graves supérieures*
*Graves de Vayres*
*Haut-Médoc*
*Lalande-de-Pomerol*
*Listrac-Médoc*
*Loupiac*
*Lussac-Saint-Emilion*
*Margaux*
*Médoc*
*Montagne-Saint-Emilion*
*Moulis*
*Pauillac*
*Pessac-Léognan*
*Pomerol*
*Premières Côtes de Bordeaux*
*Puisseguin-Saint-Emilion*
*Saint-Emilion & Saint-Emilion grand cru*
*Saint-Estèphe*
*Saint-Georges-Saint-Emilion*
*Saint-Julien*
*Sainte-Croix-du-Mont*
*Sainte-Foy-Bordeaux*
*Sauternes*

### Les clefs du vignoble

*Académie*
*Aire d'appellation*
*Assemblages*
*Barrique bordelaise*
*Botrytis cinerea*
*CIVB - Conseil Interprofessionnel du Vin de Bordeaux*
*Courtier*
*Confréries*
*Crédence*
*Crus et Marques*
*Dégustation*
*Fleuves*
*Girondins*
*Investisseurs*
*Négoce*
*Primeur*
*Tanin (ou tannin)*
*Terroir*
*Tonneau*
*Tourisme*
*Union des Grands Crus*
*Vieillissement*

### La renommée des crus

*Bélair (Ch.)*
*Belgrave (Ch.)*
*Beychevelle (Ch.)*
*Bonnet (Ch.)*
*Cheval Blanc (Ch.)*
*Closiot (Ch.)*
*Côte Montpezat (Ch.)*
*Ducru Beaucaillou (Ch.)*
*Escurac (Ch. d')*
*Grand-Mouëys (Ch.)*
*Guiraud (Ch.)*
*Haut-Brion (Ch.)*
*Haut-Marbuzet (Ch.)*
*Latour (Ch.)*
*Latour Martillac (Ch.)*
*Maison Blanche (Ch.)*
*Margaux (Ch.)*
*Mondésir Gazin (Ch.)*
*Montrose (Ch.)*
*Moulin Haut-Laroque (Ch.)*
*Mouton Rothschild (Ch.)*
*Nodoz (Ch.)*
*Pétrus (Ch.)*
*Poujeaux (Ch.)*
*Puygueraud (Ch.)*
*Rame (Ch. la)*
*Seuil (Ch. du)*
*Tour Haut-Caussan (Ch.)*
*Vieux Château Gaubert*
*Yquem (Ch. d')*

Au fil de ces notices, et grâce aux renvois signalés par les astérisques, le lecteur voyage comme il lui plaît dans l'abécédaire.

# LES VINS DE BORDEAUX RACONTÉS

Les origines du vignoble bordelais sont incontestablement romaines. Les fouilles pratiquées dans les dernières années ont prouvé l'existence de plantations à Bordeaux en l'an 40 avant J.-C. Nul n'en doute aujourd'hui, le vin de Bordeaux est bien entré dans son troisième millénaire. À la lecture de cet ABCdaire, l'amateur s'apercevra vite que l'histoire des vins de Bordeaux se confond avec celles des appellations et des crus. Il n'y a pas une histoire, mais des histoires. La culture de la vigne a, en Gironde, engendré beaucoup plus que la dive bouteille, et il serait bien prétentieux en quelques lignes de tenter un vain raccourci.

Stèle masculine d'un cabaretier ; fin IIe-début IIIe siècle

Amphithéâtre de Bordeaux, XIXe siècle (Palais Gallien), gravure sur bois in-quarto dans *Commentaire d'Ausone* par Vinet, Ed. Millanges, 1575-1580

### RENOMMÉE ET DIVERSITÉ : LES CLASSEMENTS

De l'histoire est née une cinquantaine d'appellations et il subsiste encore près de 7000 crus qui font la richesse du vignoble. Tout à la fois handicap et avantage, cette diversité appelle sans aucun doute, pour éclairer l'acheteur ou l'amateur, des sélections et des explications.

Ainsi, la qualité plus ou moins grande des sols et sous-sols, celle de l'encépagement, les moyens mis en œuvre, la compétence de l'homme, font que certains crus acquièrent une notoriété telle, qu'ils

sont considérés comme étant les meilleurs de leur appellation ou de leur aire régionale de production à un moment donné.
Mais avant d'en arriver à ce stade et indépendamment de la qualité intrinsèque du vin, on fait appel, pour établir un classement, à un maximum de critères pour bâtir l'édifice. Ceci n'empêche pas que tout classement garde une part de relativité et prête toujours à contestation. En effet, négligé par un propriétaire démuni, un cru peut passer aux mains d'un homme actif, dynamique, argenté, et surtout compétent, et de ce fait, produire un vin meilleur. Mais le contraire peut tout aussi bien survenir.
Les classements doivent donc être considérés, en fonction des éléments qui ont servi à leur établissement, et ce, de façon intrinsèque. De la même façon on ne doit pas confondre les différentes dégustations*, qui sont faites de façon ponctuelle, avec ces premiers. Car, même, s'ils sont assujettis au temps, ils retiennent d'autres critères qui ne doivent rien aux palais des gourous et autres maîtres à boire.

**Trois classements coexistent en Gironde.**

Fondé sur la notion de cru qui apparaît au XVII^e^ siècle et qui constitue l'un des premiers pas vers une cotation officieuse, le classement des vins de la Gironde de 1855 est unique en son genre. Le marché des vins de Bordeaux est régi par un fonctionnement simple à trois intervenants : les courtiers*, les négociants et les propriétaires. Dès le début du XVIII^e^, cette pratique a conduit les courtiers, opérateurs privilégiés, à établir une cote des différents vins. Celle-ci s'appuie non seulement sur la connaissance gustative, mais aussi et surtout, sur celle des vignobles. Les notions de « grand vin » et « second vin », qui prennent forme dès le début du XVIII^e^, dans les plus grandes exploitations (Haut-Brion*, Margaux*, Latour*, Lafite, ect.), constituent l'un des critères de ces jugements qualitatifs qui restent fondés sur l'originalité des terroirs*.
Les premiers livres utilisant cette connaissance professionnelle sont publiés au début du XIX^e^, sous les plumes de A. Jullien (1816), de W. Franck (1824), de Ch. Cocks (1846) dans la première édition du « Féret ».
Ces documents sont intéressants à plus d'un titre. Ils indiquent clairement à cette époque, une nette préférence du marché pour les vins du Médoc* et ceux du Sauternais. Les cours de ces derniers sont deux fois ceux des Graves*, trois fois ceux de Saint-Émilion*. Par ailleurs, ils reflètent une bonne stabilité du classement encore officieux.

Germain Rambaud (1732-1822), Maître de chai de *Barton et Guestier* de 1755 à 1815

Ainsi en 1855, la Chambre de commerce de Bordeaux, voulant présenter les vins de la Gironde à l'Exposition universelle de Paris, désire que cette présentation s'opère dans les meilleures conditions. Pour éviter que les vins présents ne soient jugés par des personnes non averties, elle préconise que ces vins soient hors concours et présentés selon une classification précise. À cette fin, elle demande au syndicat des courtiers de lui fournir « la liste complète des vins rouges classés de la Gironde, ainsi que celle des grands vins blancs ». Le 18 avril 1855, le syndicat des Courtiers remet son classement, et présente deux tableaux intitulés : « Vins rouges classés de la Gironde » et « Vins blancs classés de la Gironde ».

Ancienne maison du Château de Jayle, XVIII^e s.

Arrachage de vignes infectées dans le Médoc, au début du XX^e siècle.

Loin d'être l'émanation d'une quelconque dégustation, ou une analyse ponctuelle du marché, ces deux tableaux constituent au contraire la synthèse d'une connaissance pratique et statistique d'une profession qui possède alors plus de cent cinquante ans d'expérience. Seuls sont présents les vins rouges du Médoc*, les vins blancs liquoreux de Sauternes* et Barsac*, et le château Haut-Brion* à Pessac (Graves*).

Le second classement est celui des vins de Graves* en 1953. À la demande du Syndicat de défense de l'A.O.C. Graves*, l'Institut national des appellations d'origine a procédé à un classement des crus de cette région. Celui-ci a été homologué par le ministre de l'Agriculture en 1953.

Il n'est en rien comparable au classement de 1855, car il n'a pas été effectué dans les mêmes conditions, ni fondé sur les mêmes critères. Il distingue les deux types de production de cette région : un classe-

ment des vins blancs, un classement des vins rouges. Aujourd'hui, l'ensemble des crus ayant été classés, appartiennent à une A.O.C. créée en 1993, Pessac-Léognan*.

Le dernier classement est celui de Saint-Émilion*. Ce n'est qu'en 1958, après de multiples démarches, que les viticulteurs de Saint-Émilion obtiennent la publication d'un classement officiel permettant aux meilleurs des crus de la région de bénéficier eux aussi de la mention « Cru classé ».

Prévu par décret, le classement des crus de Saint-Émilion n'a rien de comparable avec les précédents. En effet, ce décret stipule une révision décennale du classement. Celle-ci a été effectuée en 1969, puis en 1986, et enfin en 1996.

Ch. Lacouspaude, Grand Cru Classé

Il faut pour être complet évoquer deux autres classements. Dans le Médoc*, certains viticulteurs, dont Philippe de Rothschild, désireux de faire reconnaître la mise en valeur du terroir* de leur cru et se rendant compte que le classement de 1855 ne pouvait être révisé, demandèrent à la Chambre de commerce d'ouvrir un concours pour l'attribution de nouveaux titres en Médoc. Celui-ci fut ouvert en 1973, aux seuls Crus Classés en 1855 et pour la seule catégorie « premiers crus ». Un arrêté du ministère de l'Agriculture a établi la liste des premiers crus classés en 1973 qui reprend ceux de 1855, en y ajoutant le château Mouton-Rothschild*.
Toujours pour le Médoc, dès 1932, les crus Bourgeois firent l'objet d'un classement par cinq courtiers* en vins de la place de Bordeaux.

L'article 5 de l'arrêté du 27 juin 1972 prévoyant le concours pour la mise à jour et l'établissement d'une hiérarchie de mérite dans les vins de Bordeaux produit par les crus situés dans l'aire géographique définie de l'A.O.C. Médoc* précise que les titres, pour lesquels le concours est ouvert, seront : crus Bourgeois Exceptionnels, crus Grands Bourgeois, crus Bourgeois.
À notre connaissance, le concours prévu pour les crus Bourgeois n'a pas encore été ouvert, mais pourrait l'être avant la fin de l'année 2001, ce qui donnera au consommateur une meilleur lisibilité de l'utilisation du terme de cru Bourgeois, qui sera réservé à des crus et non à des marques* et apportera une garantie de qualité.

Cave de
Thomas
Barton

**BORDEAUX : UNE PÉPINIERE SCIENTIFIQUE**

L'I.N.R.A. a très largement participé à l'effort de fédération accompli ces dernières années par les équipes de recherche viticole et œnologique bordelaises appartenant à divers organismes et désireuses d'accroître l'efficience de leurs travaux.

Dans un premier temps, l'Institut de la vigne de Bordeaux a été créé, regroupant les unités de recherche du centre I.N.R.A. Bordeaux-Aquitaine et le Laboratoire des sciences de la signe de l'Université de Bordeaux-I. Dans un second temps, les chercheurs de la faculté d'œnologie de l'Université de Bordeaux-II et ceux de l'Institut de la vigne se sont rassemblés afin de former le « Pôle de recherche scienti-

Bordeaux, pont sur la Garonne, quais de Bourgogne et de la Bourse ; négatif Terpereau, phototypie dans *Géographie pittoresque et monumentale de la France,* 1902

fique sur la vigne et le vin » qui regroupait 60 spécialistes de la production des vins de haute qualité appartenant à l'ensemble des disciplines concernées.

Une Université du vin, regroupant l'ensemble des scientifiques, chercheurs et enseignant du monde du vin, devrait naître prochainement à Bordeaux. Elle symbolisera ce grand élan et cette capacité d'innovation engendré par l'ensemble de la filière bordelaise.

## À propos du marché des vins de Bordeaux

Premier producteur, Bordeaux a aussi vocation à être la première place de mise en marché. Les chiffres démontrent que la dynamique du système bordelais tend vers un équilibre emplois-ressources. S'appuyant sur un négoce* solide, Bordeaux diffuse chaque année ses vins au quatre coins du monde dans un volume à peu près équivalent à sa production. À la limite, une année de gel aussi sévère que celle de 1991 risquerait de provoquer un manque de vin.

Bordeaux accroît sa démarche d'exportation qui représente près de 35 % des volumes mis en marché. Quatre pays traditionnellement importateurs, la Belgique, l'Allemagne, le Royaume-Uni et les Pays-Bas, réalisent près de 60 % des volumes. Les États-Unis, le Danemark, le Canada, la Suisse et le Japon constituent le reste du noyau dur.

Le marché français représente actuellement pour les vins de Bordeaux l'essentiel des débouchés, la grande distribution assurant près de 80 % des ventes.
Dans le contexte de concurrence effrénée que livrent les producteurs étrangers, nombreux sont ceux qui, aujourd'hui, se posent la question du devenir des Bordeaux. La réponse se trouve peut-être dans la qualité des vins, la sélection inévitable des produits distribués, et l'avance technologique.

**Académie**

Fondée le 17 avril 1948, à l'initiative d'un groupe de hautes personnalités du négoce* et de la viticulture bordelaise, l'Académie du vin de Bordeaux bénéficie d'une légitimité unique pour garantir et diffuser l'esprit, l'histoire et la culture du vin de Bordeaux tant en France qu'à l'étranger.

En effet, le vignoble bordelais n'est pas seulement à l'origine d'une gamme de vins universellement connus, mais il a profondément façonné l'art de vivre en Gironde. Il en résulte un humanisme particulier, un esprit, une éthique, une mystique de la perfection, qui rayonnent dans le monde entier.

Cette Académie, instance morale la plus élevée du vin de Bordeaux, à l'instar de sa soeur aînée du quai de Conti, se compose de quarante académiciens parmi lesquels on compte les propriétaires des crus les plus prestigieux du Bordelais, mais aussi deux académiciens français, des écrivains, des artistes, des savants, des universitaires.

Aujourd'hui, l'Académie du vin de Bordeaux, sous l'impulsion de son grand chancelier, le comte Alexandre de Lur-Saluces, s'inscrit résolument dans une démarche dynamique et contribue à refléter et illustrer la culture du vin de Bordeaux.

Muses du Grand Théâtre de Bordeaux.

**AIRE D'APPELLATION**

Territoire exclusif et strictement délimité sur lequel doivent être situées les vignes pour que les vins puissent revendiquer l'A.O.C.

## Assemblages

Sans être totalement spécifique du Bordelais, cette pratique est typique de la région : les vins des divers cépages, des diverses cuves, mais de même A.O.C. sont mélangés en vue d'obtenir un vin unique aussi homogène que possible et qui sera commercialisé plus tard sous le nom du cru.

Cet assemblage, apparemment simple, s'avère en réalité une opération importante et particulièrement délicate, que l'on doit effectuer avec beaucoup de soin et de clairvoyance. De celle-ci dépend la plus ou moins grande qualité du millésime. Lors de cette opération, la dégustation*, la mémoire sensorielle et la projection dans le temps du produit fini jouent un rôle qu'aucune machine ne saura remplacer.

C'est surtout et avant tout un choix, par lequel le viticulteur ou le maître de chai, avec parfois le concours de l'œnologue, met de côté, éventuellement, et selon les années, 20, 30 ou 40 % de la récolte, parfois davantage, pour maintenir la qualité du cru et sa notoriété au plus haut niveau. Ainsi naissent les seconds vins.

## Barrique bordelaise

Sa contenance est de 225 litres. Ses sous-multiples sont la demi-barrique et le quart de barrique.

## BARSAC (A.O.C.)

Le privilège de Prévôté royale, dont a disposé Barsac dès le XIIIe siècle, a largement contribué au développement de son vignoble et de sa notoriété.
Située à l'embouchure du Ciron, Barsac bénéficie d'un microclimat exceptionnel favorisant le développement du *Botrytis cinerea**. Son site célèbre est reconnaissable entre tous, grâce aux murets de pierres sèches qui entourent les parcelles de vigne. On y distingue deux types de sols particulièrement propices à la vigne : des alluvions anciennes formant une ellipse de sols caillouteux (graves garonnaises du Günz) ; un plateau – dit Haut-Barsac – argilo-calcaire à sous-sol calcaire, où se situent les crus les plus anciens.
Dix crus de cette commune ont été classés en 1855, dont deux Premiers : Climens et Coutet. Parmi les crus notables de cette A.O.C., classés ou non, l'amateur découvrira avec intérêt les vins des châteaux Broustet, Doisy Védrines, Piada, Liot, Closiot*...
Les vins d'A.O.C. Barsac se distinguent par une belle couleur dorée allant de l'or pâle au jaune d'or. Ils possèdent un nez ample et profond. Ils développent des arômes divers et fruités : miel d'acacia, vanille, chair de pêche blanche, amande douce... et surtout raisins botrytisés, devenant avec le temps des parfums de plus en plus complexes et harmonieux : abricot sec, orange confite. Le dégustateur éclairé perçoit une puissance nerveuse qui relève l'âme liquoreuse des Barsac pour aboutir à une alliance complexe liqueur/alcool et à un équilibre sans égal.
En plus de l'A.O.C. communale Barsac, les vins blancs peuvent bénéficier aussi de l'A.O.C. Sauternes*.

Mur typique du Sauternais

Le Château Bélair, gravure du XIXe s. 1er Grand Cru Classé B.

## Bélair (Ch.)

Le château Bélair a toujours été placé en tête des premiers crus de Saint-Émilion* et son origine est fort ancienne. Sous la domination anglaise, le domaine appartenait à Robert de Knolles, grand sénéchal et gouverneur de la Guyenne, qui possédait dans la région des terres considérables. Ce valeureux capitaine, l'un des tenants du combat des Trente, prit également part aux batailles d'Avray et de Navarette ; c'est là qu'il eut l'insigne honneur de recevoir l'épée de Bertrand Du Guesclin. Lorsque la Guyenne fut définitivement reconquise par Charles VII, les descendants de Robert de Knolles ne quittèrent pas la contrée. Leur nom francisé devint Canolle, et la terre de Bélair resta en leur possession jusqu'à l'époque de la Révolution. Elle devint alors quelque temps la propriété d'un étranger, mais fut bientôt restituée à ses maîtres légitimes par l'entremise d'un serviteur fidèle. Après le mariage de la sœur du marquis Robert de Canolle avec le baron de Seissan de Marignan, Bélair échut en partage à ce dernier.

Le cru* de Château Bélair doit son incontestable supériorité à la nature toute particulière du terrain, ainsi qu'à son heureuse orientation au midi et à l'est ; ses vins jouissent d'un renom ancien et, à la liste des hautes récompenses obtenues par eux lors de différents concours, sont venus s'ajouter la Médaille d'Or que leur a décernée, en 1889, le jury de l'Exposition universelle, et le Diplôme de Grand Prix à l'Exposition de Paris 1900.

Le château Bélair, Premier Grand Cru Classé B, voisin d'Ausone, est depuis 1916 propriété de la famille Dubois-Challon. La cuverie est une curiosité, car monolithe ; on y travaille par gravité. C'est le premier chai gravitationnel du Bordelais. Les soins de vinification sont assurés par M. Delbeck depuis 25 ans.

## Belgrave (Ch.)

Le château Belgrave est un des plus anciens crus* du Haut-Médoc*. Le domaine est commandé par un beau pavillon de chasse construit au XVIIIe siècle au milieu d'un parc paisible auquel on accède par une longue allée blanche bordée de pins parasols. Le vignoble de 54 hectares d'un seul tenant entoure le château et les chais. Classé Cinquième Cru en 1855 pour la qualité de son terroir* de graves profondes, le château

Belgrave eut à souffrir de la difficile période des années qui suivirent la Seconde Guerre mondiale.
Repris en 1979 par un groupement foncier agricole, son exploitation fut confiée au Groupe C.V.B.G. (Dourthe-Kressmann) qui entreprit immédiatement un vaste programme de réhabilitation.
La première étape consista à doter le château Belgrave d'installations de vinification et d'élevage dignes d'un cru* de ce rang et se termina en 1990 par l'installation d'un système électronique de thermo-régulation du cuvier. Dès 1980, un chai d'élevage d'une capacité de 1500 barriques* avait été édifié contre le cuvier. Simultanément, une dizaine d'hectares de vignes était renouvelée.
La deuxième étape, à partir de 1986, est marquée par les interventions majeures du professeur Alain Reynier au niveau de la conduite du vignoble et de Michel Rolland pour les vinifications, les sélections et l'élevage.
Les résultats ne se sont pas faits attendre. Le Gault et Millau 1995 estime le château Belgrave au-dessus de son classement.
Le château lui-même a fait l'objet d'une remarquable restauration en 1992 et 1993. Ainsi réhabilité, modernisé, reconnu, le château Belgrave a retrouvé l'élite des vins du Médoc* à laquelle il appartient.
Le château Belgrave est membre de l'Union des Grands Crus*.

Château Belgrave, Cru Classé en 1855.

### Beychevelle (Ch.)

Belle et riche histoire que celle de Beychevelle, qui a toujours été une terre d'hommes de pouvoir. Au Moyen Âge déjà, sous les comtes de Foix-Candale, son vin quittait le port situé au bas du jardin. L'évêque François de Foix-Candale fit construire un premier château en 1565. Se succédèrent ensuite Jean-Louis de Nogaret de la Valette, 1er duc d'Épernon, Grand Amiral de France, son fils Bernard qui fit construire la partie centrale du château en 1644, puis Henri de Foix-Candale. Au XVIIIe siècle, le domaine appartient successivement à Jean-Baptiste d'Abadie, Président du Parlement de Bordeaux, à la famille de Brassier à qui l'on doit la reconstruction partielle du château et son apparence définitive, et enfin à l'armateur Jacques Conte. Le XIXe siècle est placé sous le signe de la reconquête de la qualité et de la notoriété grâce à Pierre-François Guestier, négociant bordelais et maire de Saint-Julien, à Armand Heine, cousin du poète allemand Heinrich Heine et à son épouse Marie-Amélie Kohn qui rétablit le grand vignoble. Trois générations de la famille Achille-Fould, ministres et députés vont ensuite se succéder à la tête de Beychevelle pendant près d'un siècle jusqu'à son rachat en 1986 par la GMF qui s'associe en 1989 à un autre investisseur* le groupe japonais Suntory pour créer la société Grands Millésimes de France, actuelle propriétaire.

D'après la légende, les navires qui passaient devant le château baissaient leurs voiles en hommage au tout-puissant duc d'Épernon, d'où le nom de Beychevelle (baisse-voile) et l'origine des armes du château.

Le château Beychevelle, Quatrième Cru Classé en 1855, produit 500 tonneaux* d'un vin en appellation Saint-Julien, plein de parfum et de délicatesse, qui jouit, à l'étranger comme en France, d'une grande réputation.

### Blaye, Côtes de Blaye, Premières Côtes de Blaye (A.O.C.)

Les origines de la ville de Blaye remontent à la plus haute antiquité. Vers l'an 25 avant J.-C., les Romains y établirent un castrum devant servir de bouclier à Bordeaux. Plus tard, Blaye fit partie du système défensif de Bordeaux conçu par Vauban. Cette citadelle, en parfait état

Château Beychevelle, cru classé en 1855.

de conservation, constitue un site touristique* très apprécié.
La région est riche et agréable. Dans le sud, des coteaux escarpés couverts de vignes dominent la Gironde, tandis que dans le nord le fleuve* est bordé de marais. À l'extrême est, la forêt semble gagner peu à peu sur la vigne.
La plupart des propriétés viticoles de cette région appartiennent aux mêmes familles depuis 3 ou 4 générations, voire davantage. La superficie des vignobles est assez variable. D'un excellent rapport qualité/prix, les vins de Blaye, à l'instar de ses voisins bourgeais, gagnent du terrain sur les différentes places vinicoles.
Les vins bénéficiant de l'A.O.C. Premières Côtes de Blaye, parmi lesquels les châteaux Peyrère, Mondésir Gazin*, l'Escadre, ayant des conditions de production plus strictes, sont en général plus fins que ceux des A.O.C. Blaye ou Blayais ou Côtes de Blaye.
Les vins rouges présentent une belle couleur, beaucoup de fruit, de la souplesse et un bouquet agréable. En vieillissant, leur couleur se tuile, et en fonction des cépages dont ils sont issus, ils développent au nez des parfums de musc ou d'épices. Souples et frais, les blancs doivent leur personnalité à la qualité et à la diversité de leurs arômes.

Le Kaskelot sur la Garonne, entre Blaye et Bourg

### Bonnet (Ch.)

Le château Bonnet est situé au nord de l'Entre-deux-Mers*, sur les croupes argilo-calcaires de la commune de Grézillac, qui dominent la vallée de la Dordogne à quelques dix kilomètres au sud de Saint-Émilion.
Le château Bonnet appartenait au XVII^e^ siècle à Messire Pierre de Reynier, écuyer, seigneur de Barre et de Bonnet, ancien capitaine du Régiment Royal de Normandie. Le 17 septembre 1744, Jean de Chillaud des Fieux, conseiller du Roi et Président aux requêtes du Palais de la Cour, acquit la propriété.
Dès cette époque, ce domaine possédait un grand vignoble, à en juger par l'importance des maies de pressoirs en pierre taillée dont il reste des vestiges.
Son fils, Jacques Justin hérita de Bonnet en 1786. Il démolit l'ancien manoir et construisit l'actuel château, qui fut terminé en 1788.
Jacques de Chillaud, inquiété durant la Terreur, se cacha dans un puits situé dans une dépendance du château. Ce puits est aujourd'hui restauré. Devenu Jacques Chillaud après avoir abandonné ses titres de noblesse, il vendit en 1810 Bonnet et les 100 hectares qui l'entouraient à Eugène Lavignac qui avait fait fortune dans les colonies.
Le 11 novembre 1880, Eugène Lavignac fils vendit Bonnet à Etienne Brunetière, qui lui-même le céda à Léonce Récapet le 30 décembre 1897. Ce dernier fut à la fois l'un des plus importants viticulteurs de son époque et l'un des précurseurs de la replantation après la dévastation du vignoble girondin par le phylloxéra. Il établit autour de Bonnet 120 hectares de vignes.
Un de ses petits-fils, André Lurton, devint propriétaire du château en 1956 avec 30 hectares de vignes. Il s'est appliqué depuis à reconstituer et à développer les vignobles plantés par son grand-père.
Ceux-ci produisent aujourd'hui, pour 50 % de la production totale, un vin blanc sec d'Entre-deux-Mers* très apprécié. Ces vins sont vinifiés avec beaucoup de précaution afin de préserver toute la fraîcheur de leurs fruits.
Le domaine possède aussi un important vignoble rouge de Bordeaux* reconnu pour être très supérieur à la moyenne de son A.O.C. Une grande partie de la récolte vieillit en fûts de chêne merrain. Ceci explique l'usage de deux étiquettes pour le château Bonnet rouge : l'un vieilli en fûts, dit « traditionnel »; l'autre, mis en bouteilles un peu plus jeune, et appelé « classique ».
L'exploitation constitue un vaste domaine viticole qui peut produire certaines années, avec ses satellites, plus de 1 300 tonneaux* de vin.

# BORDEAUX & BORDEAUX SUPÉRIEUR, BORDEAUX ROSÉ & BORDEAUX CLAIRET (A.O.C.)

Les A.O.C. Bordeaux et Bordeaux supérieur occupent la première place des A.O.C. françaises en surface et en volume : plus de 50000 hectares en production (44 % du vignoble), pour plus de 3 millions d'hectolitres.

Le vignoble des Bordeaux et Bordeaux supérieur recouvre potentiellement l'ensemble des aires délimitées des autres A.O.C. bordelaises.

En ce sens, on ne saurait évoquer qu'une diversité de terroirs* et de talents de viticulteurs qui ont pour point commun la passion. Pour décrire un vin d'A.O.C. Bordeaux, il faudrait ainsi décrire plus de deux mille propriétés qui en font la richesse. Les Bordeaux rouges sont des vins à aborder sans complexe : ils se révèlent souples, fruités ou corsés, selon les millésimes.

Les premiers pouvant être bus jeunes, les seconds prenant du charme et de la rondeur en vieillissant.

Ce sont des vins toujours bienvenus, qui ne « se haussent pas du col » et expriment bien la générosité girondine.

Le Bordeaux rosé et le Bordeaux Clairet se distinguent à l'œil par leur couleur rose clair pour le rosé et plus intense pour le Clairet. Après une macération brève, ces vins sont vinifiés comme le Bordeaux blanc. À noter, les Bordeaux Clairet sont les dignes descendants des *french clarets*, premier type de vin élaboré dans le Bordelais.

Les Bordeaux blancs secs, généralement peu colorés, se révèlent fruités, bouquetés sans excès. Leur fraîcheur naturelle leur confère une nervosité qui sied parfaitement aux fruits de mer.

Les Bordeaux supérieur sont soumis à des conditions de production et d'élaboration plus strictes : des rendements inférieurs de 10 % par rapport aux précédents leur sont imposés, ainsi que douze mois minimum obligatoires d'élevage avant toute commercialisation ; certains bénéficient même d'un passage en barrique*. Tous présentent les caractéristiques de vins de qualité, aptes au vieillissement* et qui n'obèrent pas la bourse des amateurs.

Les Bordeaux Supérieur blancs sont issus d'assemblages* identiques à ceux des Bordeaux blancs ; mais ils sont vinifiés à partir de raisins surmûris, ce qui leur donne une richesse supérieure en alcool et en sucre. Ils sont en général plus moelleux et onctueux.

Parmi les crus les plus renommés, citons les châteaux Seguin, Parenchère, Tour de Mirambeau, Thieuley, Bonnet*.

## Bordeaux Côtes de Francs (A.O.C.)

La commune de Francs, qui a donné son nom à l'A.O.C., est une petite localité située à la limite du département de la Dordogne.
Son origine remonte au début du VIe siècle. En 507, après la bataille de Vouillé, Clovis 1er, roi des Francs, bat Alaric II, roi des Wisigoths et s'empare de l'Aquitaine. Un détachement de l'armée franque établit son camp en ce lieu qui fut dénommé « Ad Francos » et devint, par la suite Francs.
Comme dans les régions voisines, la vigne y est implantée depuis des temps très anciens. Éloignée des grands axes routiers, c'est une région calme et agréable. Ses coteaux, dominés souvent par des ruines de moulins et de pigeonniers sont couverts de vignes, tandis que prairies et cultures diverses occupent le fond des vallons.
Bien que cette région puisse produire des vins rouges et des vins blancs, la plupart des vignobles sont complantés en vignes rouges.
Leur superficie moyenne est généralement supérieure à 10 hectares. Le Merlot représente souvent plus de 50 % de l'encépagement suivi par le Cabernet franc, le Cabernet Sauvignon et quelques traces de Malbec. Parmi ceux-ci, nous indiquerons les châteaux Puygueraud*, du Prévot, du Puy, Marsau...
Les vins rouges, opulents, corsés, riches en couleurs se distinguent par l'harmonie et la féminité de leurs tanins*. Ce sont d'excellents vins de garde. Cependant, selon les millésimes, ils se prêtent dans leur jeunesse à une dégustation* des plus agréables grâce à leur note élégante de fruits rouges. Expressifs, les blancs peuvent être secs ou liquoreux.

Contrôle olfactif du *Botrytis Cinerea* pendant la cueillette

## BOTRYTIS CINEREA

Le *Botrytis cinerea* est un champignon mondialement répandu qui peut s'attaquer à un grand nombre de plantes. L'alternance des périodes humides et des périodes ensoleillées favorise son développement.
Selon le cas, l'époque et son évolution, le *Botrytis* est facteur de la pourriture grise ou pourriture vulgaire, si redoutée des viticulteurs, mais également facteur de la pourriture noble, tant souhaitée pour l'élaboration des vins liquoreux.
La pourriture noble : à la condition qu'il s'attaque à des raisins mûrs et même surmûris, sains et intacts, le *Botrytis* concentre les sucres de la baie qui diminue de volume tandis que la peau se colore pour devenir brune : la baie reste turgescente et pleine, c'est le stade du « plein pourri ».
À partir de ce moment-là, et grâce à un temps plus chaud et plus sec, l'évolution du champignon à la périphérie de la baie est fortement ralentie et les fructifications externes n'apparaissent pas.
La baie prend alors une couleur brun violet, se ride, se fripe, se ratatine, se confit, en un mot surmûrit sous l'action du *Botrytis* qui, se nourrissant en absorbant une partie des sucs de la baie, concentre et augmente de ce fait la teneur en sucre, glycérine et autres éléments, tandis que l'acidité diminue.
Le jus peut atteindre des teneurs en sucres élevées, de 300 à 350 grammes par litre – parfois plus.
La réduction du volume de la récolte peut atteindre et dépasser 50 %. Le raisin attaqué par le Botrytis est un organe mort : la migration et les échanges avec la plante cessent.

Château de Cadillac

## Cadillac (A.O.C.)

Cadillac est une ville très ancienne, dont une partie est encore enserrée dans les restes importants d'une bastide fondée en 1280 par Jean de Grailly, captal de Buch. C'est à Cadillac que se trouve le château des ducs d'Épernon, construit de 1600 à 1650.

Créée en 1973, l'A.O.C. Cadillac a été profondément modifiée. Elle est devenue une A.O.C. de vins blancs liquoreux, qui doivent provenir de raisins arrivés à surmaturation par pourriture noble et récoltés par tries successives.

Le terroir est de même nature que celui de la région plus vaste des Premières Côtes de Bordeaux* dont il fait partie.

Les vins d'A.O.C. Cadillac possèdent des qualités très voisines de ceux de Sainte-Croix-du-Mont*. Comme eux, ce sont des vins élégants, aromatiques et fruités.

Caractéristiques de leur appellation, les châteaux La Clyde, la Bertrande, Melin, le clos Sainte Anne nous procurent de grands plaisirs.

## Cérons (A.O.C.)

Étape militaire et marchande, Sirione (Cérons) est le seul lieu mentionné, sous l'empereur Caracalla (211-217), sur l'Itinéraire d'Antonin ainsi que sur la Table de Peutinger (1465-1547). Cette mention a pour origine l'existence d'un passage à gué de la Garonne à marée basse.

En 1935, lors de l'institution des A.O.C., ce site privilégié, formé par le vaste plateau qui englobe les communes de Cérons, Podensac et Illats, bien

Château Cheval Blanc

qu'inclus dans la région des Graves put, selon les usages loyaux et constants bénéficier tout à la fois des A.O.C. Graves* et de l'A.O.C. Cérons pour les blancs liquoreux.

Depuis 1988, encouragés par la légère reprise du marché des vins liquoreux, quelques producteurs, conscients de la valeur de cette production et de la renommée passée de ce vin, élaborent chaque année quelques hectolitres d'A.O.C. Cérons, parmi eux les châteaux de Cérons et du Grand Enclos de Cérons.

La situation géographique de cette région et la qualité de ses vins ont fait dire au commerce bordelais, bon juge en la matière, que les vins de Cérons sont le véritable trait d'union entre les meilleurs vins de Graves* et les vins blancs liquoreux de Barsac* et de Sauternes*.

## Cheval Blanc (Ch.)

Premier Grand Cru Classé A de Saint-Émilion*, le château Cheval Blanc, situé sur la partie extrême de la commune de Saint-Émilion qui confine à celle de Pomerol, possède un ensemble très curieux de sols et de sous-sols dont la nature change à chaque pas. Ici, ce sont des terres fortes sur fond d'argile ; ailleurs, ce sont des terres légères sur fond argileux avec crasse de fer ou bien des terres graveleuses.

Il résulte de cette diversité de terrains, d'un choix de cépages bien compris et de soins assidus apportés à la culture de la vigne et à la vinification, que les vins de Cheval Blanc possèdent beaucoup de moelleux, du corps, de la délicatesse, un délicieux bouquet, mais surtout un cachet particulier qui fait qu'on les reconnaît toujours et les recherche de plus en plus.

Le vignoble couvre une superficie de 36 hectares, inchangée depuis 1850. Les propriétaires n'ont cessé d'apporter toutes les améliorations possibles (drainage, sélection des plants, chais), tout en conservant l'encépagement et le maximum de vieilles vignes, gage de la qualité toujours croissante de leurs vins.

Immeuble du CIVB à Bordeaux

## CIVB
## Conseil Interprofessionnel du Vin de Bordeaux

La notion d'interprofession vit le jour en Gironde après la guerre de 1914-1918, à l'initiative de F. Ginestet, propriétaire et négociant. L'interprofession prit tout d'abord naissance sous la forme d'une association : l'Union de la Propriété et du Commerce. Ce n'est qu'à la suite de la Seconde Guerre mondiale, sur proposition de parlementaires girondins* (dont le vice-président de l'Assemblée Nationale É. Liquard), que les pouvoirs publics créèrent, par la loi du 18 août 1948, le Conseil Interprofessionnel du Vin de Bordeaux.

Ses trois missions spécifiques sont :

- procéder à toute étude et élaborer toute proposition de règlement concernant l'orientation, la régularisation et l'organisation du marché du vin de Bordeaux ;
- développer, tant en France qu'à l'étranger, la réputation et la demande des vins de Bordeaux à appellation contrôlée ;
- assurer l'application et le contrôle effectif des décrets d'appellation d'origine de manière à garantir aux consommateurs de vins de Bordeaux la qualité correspondant à l'appellation.

Château Closiot

## Closiot (Ch.)

Un passé riche et mouvementé... Le nom de la propriété est mentionné pour la première fois en 1766 dans un acte notarié concernant la vente de terres à Barsac* entre les héritiers du Marquis de Montferrand et Laurent de Sauvage d'Yquem. Ce document officiel stipule « le clos du Clouziot, avec vignes ».
Seule héritière de Laurent de Sauvage, Joséphine, sa fille épouse en 1785 le comte Louis Amédée de Lur- Saluces. Celuici décède malheureusement trois ans après le mariage et son épouse a bien du mal à conserver ses biens sous le régime de la Terreur.
Dès 1850, l'exploitation est citée dans la première édition du Féret*. Elle figurera ensuite de manière constante dans les éditions suivantes dans la catégorie des Seconds crus. Débaptisée « Clos Bonneau » par son propriétaire, on la retrouve en 1881, toujours dans le Féret, sous l'intitulé « Clos Bonneau-Clouiscot ».
Après s'être appelée en 1893, Clos Bonneau Closiot, la propriété prendra enfin sa dénomination définitive en 1898.
Vingt-cinq ans plus tard, elle sera acquise par Alban Duprat, grand-père maternel de l'actuelle propriétaire, Françoise Sirot-Soizeau. Cet ancien relais de Saint-Jacques-de-Compostelle est donc aujourd'hui exploité depuis trois générations par la même famille. Soucieux de développer l'exploitation, le père de Françoise, Hector, acheta en 1961 le château Camperos situé également sur la commune de Barsac.
Depuis, Françoise a repris les destinées de l'exploitation familiale en 1988. Nantie d'un esprit adapté aux réalités modernes, elle s'est investie totalement. Nouvelles plantations, retour à la pratique des travaux de la terre, rénovation des chais, modernisation du cuvier, parc à barriques* renouvelé d'un tiers chaque année, chai d'élevage en bouteilles climatisé, bâtiments de réception entièrement réaménagés...
Dans le respect des traditions mais aussi des récentes avancées technologiques, Françoise, aidée par son mari, Bernard Sirot, peut compter sur la compétence d'un maître de chai et d'un responsable de culture que vient compléter au moment fatidique des vendanges une troupe d'une quinzaine de vendangeurs. Ambiance familiale et repas pris en commun sont au programme journalier. Ils permettent de fidéliser avec bonheur ces précieux collaborateurs dont dépend la qualité intrinsèque des vins.

Château Laroque, Grand Cru Classé

## CONFRÉRIES

Les confréries organisent en Gironde, en France et à l'étranger, des manifestations de prestige qui sont, pour certaines, d'aspect folklorique mais qui ont un but essentiel : faire découvrir ou redécouvrir les multiples appellations du Bordelais et perpétuer l'image du vin de Bordeaux.
Toutes ces confréries sont regroupées pour des actions communes sous l'égide du Grand Conseil du Vin de Bordeaux. Francis Fouquet, Grand Maître, Président du Grand Conseil, définit ainsi leur rôle : « S'il est certain que nous souhaitons promouvoir le Vin de Bordeaux, nos pensées sont plus profondes : rassembler les hommes et les femmes qui, à travers le monde, partagent les mêmes conceptions d'éducation et de qualité de la vie. »
En Gironde, les confréries vineuses sont au nombre de 19, dont la plus ancienne est la Jurade de Saint-Émilion* créée en 1948.

## Côte Montpezat (Ch.)

Datant du tout début du XVIIe siècle, comme en font foi les dates gravées sur les montants de cheminée, la demeure qui commande cette propriété ne peut que s'enorgueillir d'un riche et très lointain passé.
Pourtant, au milieu du domaine, il existe un vieux puits qui résonne encore de voix et d'éclats de rire. Si l'on tend bien l'oreille, il nous conte

les joies et les peines des pèlerins se rendant à Saint-Jacques-de-Compostelle et qui, du Xe au XVe siècle, y faisaient halte et s'abreuvaient abondamment.
De nos jours, l'onde y est toujours aussi pure, mais son niveau a quelque peu baissé. Cela est dû sans nul doute, à ce que, tel Jésus aux noces de Cana, son propriétaire, en complantant un très beau vignoble, a su changer l'eau en vin. Comme les pèlerins du Moyen Âge, les ceps puisent dans ce terroir* généreux force, vigueur et sève.
Mais, si dans sa mansuétude la nature permet d'accomplir des miracles, encore faut-il l'aider ! C'est ainsi que, désireux de faire de ce cru l'un des meilleurs, sinon le meilleur des Côtes-de-Castillon*, son propriétaire l'a doté, comme dans les crus prestigieux, d'installations modernes et fonctionnelles afin d'élaborer un vin non seulement séduisant et fruité, mais également un grand vin apte au vieillissement* (en barriques* et en bouteilles) et possédant une forte personnalité.

Vignobles des Premières Côtes de Bordeaux

## Côtes de Bordeaux Saint-Macaire (A.O.C.)

Ancienne filleule de Bordeaux, Saint-Macaire doit son nom à cet évêque régionnaire qui prêcha et évangélisa cette cité au cours du VIe siècle. C'est une ville très intéressante et très curieuse qui mérite d'être visitée à plus d'un titre, ne serait-ce que pour ses attraits touristiques*.
La région des Côtes de Bordeaux-Saint-Macaire prolonge à l'est celle des Premières Côtes de Bordeaux*.
Seuls les vins blancs bénéficient de l'A.O.C. Côtes de Bordeaux Saint-Macaire. Ils jouissent d'une très ancienne réputation justifiée par la nature même du sol et les soins dont ils sont l'objet. Ils sont généralement fins, assez corsés, avec de la souplesse, souvent moelleux, parfois liquoreux selon les crus. Les châteaux Fayard et Malromé sont à découvrir pour leur qualité.
Les viticulteurs consacrant une partie importante de leur terroir* viticole à la culture de la vigne rouge, produisent essentiellement des vins qui bénéficient des A.O.C. régionales Bordeaux* ou Bordeaux supérieur*.

Vignoble de Bourg

## Côtes de Bourg, Bourg, Bourgeais (A.O.C.)

Bourg-sur-Gironde, qui donne son nom à l'A.O.C., est située sur la rive droite de la Dordogne. En 1379, pour soutenir la domination anglaise, une alliance étroite fut conclue, entre Bordeaux et huit villes voisines qui étaient des villes closes ou fortifiées. C'est ainsi que Bourg-sur-Gironde devint une filleule de Bordeaux. Pendant la Fronde, la reine Anne d'Autriche, Régente du royaume, Louis XIV, alors âgé de 12 ans, le cardinal Mazarin et la Cour y séjournèrent. Durant ce séjour, Anne d'Autriche broda avec les Dames de la Cour les devants d'autel, aujourd'hui conservés à la mairie.

De par sa situation en bordure du fleuve*, Bourg eut de tout temps une activité commerciale intense. D'après certains auteurs, la vigne aurait été implantée dans la région dès l'achèvement de la conquête romaine, c'est-à-dire vers le milieu du Ier siècle avant J.-C.

Sous la domination anglaise, malgré les tensions entre les deux royaumes, le vignoble s'accroît, et c'est par cargaisons entières que les vins quittent Bourg pour l'Angleterre. Au cours des XVe et XVIIIe siècles, le vignoble poursuit son expansion.

La région du Bourgeais est constituée par une succession de coteaux, au relief parfois vigoureux, se terminant souvent en falaises abruptes en bordure des fleuves*. Des terrains argilo-calcaires ou argilo-graveleux recouvrent un substrat calcaire souvent très dur.

Les vins rouges d'A.O.C. Côtes de Bourg sont riches en couleur; ils se distinguent par une robe rouge sombre, intense et éclatante. Corsés tout en demeurant souples, ils ont de la fraîcheur et un bouquet particulier dû aux sols sur lesquels la vigne est cultivée. Durant leur jeunesse, compte tenu de leur structure, ce sont déjà des vins agréables à consommer sur leur fruit. Les Côtes de Bourg blancs sont des vins secs, frais et fruités. Une attention toute particulière doit être portée aux châteaux Nodoz*, Croute Courpon, de Barbe et Caruel.
Désignant le même vin, les expressions Bourg ou Bourgeais ne sont pas utilisées, les viticulteurs préférant celle de Côtes de Bourg.

## Côtes de Castillon (A.O.C.)

La commune de Castillon-la-Bataille, qui a donné son nom à l'A.O.C., rappelle la célèbre bataille qui, en 1453, mit fin à la guerre de Cent Ans, et au cours de laquelle fut tué le chef de l'armée anglaise, Talbot.
Des emplacements de villas et des mosaïques gallo-romaines témoignent de l'implantation de la vigne à l'époque romaine.
La zone d'appellation est formée par des coteaux qui sont le prolongement de ceux du Saint-Émilionnais et qui vont en s'abaissant vers l'est. L'altitude de certains atteint et dépasse même les cent mètres, ce qui offre de très larges points de vue sur cette région couverte de vignes où s'entrecoupent des vallons aux cultures variées. Elle bénéficie en outre d'un climat agréable où les rigueurs des vents et les influences océaniques sont atténuées. L'ensemble de ces conditions forme un terroir* propice à la culture de la vigne.
Seuls les vins rouges peuvent bénéficier de l'A.O.C. Côtes de Castillon, dont les châteaux Cap de Faugères, et Côte Montpezat* sont d'excellents ambassadeurs.

Mascaron avec grappes de raisin et feuilles de vigne

## Courtier

S'entremettant pour la vente de vin entre le viticulteur et le négociant, grâce à sa parfaite connaissance du vignoble, il renseigne acheteurs et vendeurs et fait en sorte qu'aucun litige ne se manifeste entre eux ; il ne réalise jamais l'opération pour son propre compte.

## Crédence

Autrefois, les verres à vins fins, particulièrement les verres à Bordeaux, n'avaient que des dimensions réduites, et on les remplissait complètement. Aujourd'hui, on a fort heureusement adopté des dimensions beaucoup plus grandes, et l'on ne remplit le verre qu'au tiers de sa contenance, ce qui facilite grandement la dégustation*.
Pour servir les vins de Bordeaux, on adopte de préférence des verres dits tulipes, de forme ovale. Ils sont généralement de grande contenance : de 25 à 30 centilitres. Les verres réservés aux Sauternes* et aux vins blancs liquoreux sont un peu plus petits : de 18 à 20 centilitres.
Les carafes doivent être de forme galbée, sans angle vif et surtout pas colorées. Le col doit être étroit (col de cygne), fermé par un bouchon de verre. Leur contenance sera d'environ 1 litre pour transvaser le vin d'une bouteille normale, et d'un peu plus d'un litre et demi pour un magnum.

Vinification, pressoir horizontal

## CRÉMANT DE BORDEAUX (A.O.C.)

Conscients de l'originalité et de la spécificité de leur production A.O.C. Bordeaux mousseux élaborée selon la méthode traditionnelle, les viticulteurs et professionnels bordelais décidèrent de soumettre la production de ces vins à des normes rigoureuses.

Ainsi est née en 1990 l'A.O.C. Crémant de Bordeaux. Ces vins effervescents sont fins et bouquetés, et très agréables à boire en apéritif, pour terminer un repas ou même l'accompagner. Préparés avec des Bordeaux blancs dûment agréés, parfois avec des moûts de raisins rouges vinifiés en blancs, les Crémants, en raison de leur faible production, ne bénéficient pas auprès des amateurs de la même image de marque que d'autres vins effervescents A.O.C. élaborés de la même manière. Jadis, on parlait de méthode champenoise, mais ce type d'élaboration étant spécifique de la Champagne, cette expression est dorénavant exclusivement réservée aux vins bénéficiant de l'A.O.C. Champagne. Au-delà de la dénomination, un réel effort qualitatif ayant été effectué, le Crémant de Bordeaux a trouvé la faveur de consommateurs friands de vins spirituels, frais, fruités et de belle présentation.

## CRUS ET MARQUES

Il conviendrait en fait de distinguer deux notions fondamentales par rapport à la notion bordelaise de cru. La première évoque une entité de production, le cru : un vignoble, un chai et une demeure. A cette entité de production est attachée de façon irrévocable une marque viticole, qui devrait être la seule à comporter les vocables château, domaine, clos...
Mais nul n'étant parfait et la nécessité du marché aidant, la seconde notion est purement commerciale, de nombreuses marques (seconds vins, marques de distributeurs, ect.) intègrent ces dénominations et entretiennent la confusion dans l'esprit du consommateur.

## Dégustation

La dégustation est un art, une science et un plaisir. C'est aussi un inépuisable sujet de conversations, voire de disputes. Des ouvrages entiers lui ont été consacrés, savants et techniques, mais aussi émaillés d'anecdotes amusantes.
L'amateur de vin de Bordeaux s'exerce à la dégustation chaque fois qu'il en a l'occasion. Lcs cinq sens en éveil, le dégustateur saisit son verre par le pied; le toucher intervient alors et

l'art de la crédence* prend toute son importance. À ce propos, la dégustation à l'aveugle doit être considérée comme un jeu. Il vaut mieux indiquer à ses convives ce qu'on leur sert : savoir ce que l'on déguste fait partie intégrante du plaisir de la dégustation. Ensuite interviennent la vue, l'odorat, le goût, qui concourent à nous faire apprécier la robe, le bouquet, le fruit et, enfin, le corps du vin. Les conversations reprennent, l'ouïe est ainsi le le premier et le dernier sens à être sollicité.

### Ducru Beaucaillou (Ch.)

Deuxième Cru Classé en 1855, le château Beaucaillou est habituellement appelé Ducru-Beaucaillou, du nom de son ancien propriétaire M. Ducru.
Son histoire, comme celle de tous les grands crus médocains, remonte à la fin du XVII^e^ et au début du XVIII^e^ siècle. Au moment de la Révolution, c'est M. Bergeron qui en est le propriétaire. M. Nathaniel Johnston, d'une célèbre famille de négociants en vins de Bordeaux, achète en 1866 le domaine aux Ducru-Ravez.
Les Johnston l'améliorent grandement. Ils sont à l'affût des progrès techniques, et s'entourent de régisseurs de haute compétence et d'architectes de valeur. Les deux pavillons victoriens qui flanquent fièrement la chartreuse Directoire furent construits à cette époque.
En 1929, le domaine devient pendant 12 ans la propriété de M. Desbarats-de-Burke, qui la cède ensuite à M. Francis Borie. Ses petits enfants et leur famille en sont toujours les propriétaires.
Le vignoble « des beaux cailloux », le bien nommé, se situe sur 50 hectares de très belles croupes graveleuses parallèles à la Gironde et bénéficie de l'A.O.C. Saint-Julien*. Un ma-

Bouchons : le secret de la conservation

Château Ducru Beaucaillou, Cru Classé en 1855

gnifique parc aux arbres séculaires s'étend jusqu'au fleuve*. Le vin est l'objet de soins très attentifs, constants et méticuleux. Rien n'est négligé pour atteindre la qualité la plus haute. Ducru-Beaucaillou est considéré par beaucoup de spécialistes comme la quintessence du vin de Bordeaux et du Médoc* en particulier.

### Entre-deux-Mers & Entre-deux-Mers Haut-Benauge (A.O.C.)

Géographiquement, l'Entre-deux-Mers est limitée au nord par la Dordogne, au sud-ouest par la Garonne et au sud-est par la frontière administrative du département de la Gironde. C'est un ensemble de plateaux et de coteaux (où l'on trouve le point culminant du département) séparés les uns des autres par des rivières ou ruisseaux qui sillonnent la région.

L'Entre-deux-Mers est une contrée plaisante qui possède un important et magnifique patrimoine historique, archéologique et monumental, composé de sites mégalithiques, de moulins, de pigeonniers,

Citadelle du Haut-Benauge

d'églises, d'abbayes, de places fortes et de vieux villages. Étant donné l'étendue de cette région, les sols sont très variés, allant des palus, constitués d'alluvions modernes en bordure des fleuves*, à des sols de graves pures sur certains coteaux. Sur les plateaux, on rencontre fréquemment des sols argilo-siliceux ou argilo-calcaires plus ou moins graveleux.

Aujourd'hui, les vins blancs de l'Entre-deux-Mers sont exclusivement des vins secs. Issus principalement de Sauvignon, Sémillon et Muscadelle, ils offrent au regard une robe brillante, légère, or pâle. Ce sont des vins fruités, agréablement bouquetés, fins, élégants et savoureux. On les consomme généralement jeunes afin d'en apprécier tout le fruit et la sève.

Les vins blancs récoltés sur les communes de : Targon, Ladaux, Soulignac, Cantois, Escoussans, Arbis, Saint-Pierre-de-Bat, Gornac et Mourens, peuvent bénéficier de l'A.O.C. Entre-deux-Mers-Haut-Benauge. Leurs conditions de production sont identiques à celles des vins d'A.O.C. Entre-deux-Mers.

Bords de Gironde

Les vins rouges obtenus dans cette région, rappelons-le, ne peuvent bénéficier que des A.O.C. Bordeaux* ou Bordeaux Supérieur*.

## Escurac (Ch. d')

Le château d'Escurac, conserve dans sa chapelle du XI^e^ siècle, les traces d'un long passé viticole.
En 1839, *Le Producteur* journal des intérêts spéciaux de la propriété vignoble du département de la Gironde, écrivait à propos de ce cru : « Dès notre début dans la classification des vins de la Gironde, nous avions porté ceux de M. Pépin d'Escurac dans le cinquième cru de Médoc ; nous les y maintiendrons, parce qu'à notre guise, ils méritent d'y figurer, si ce trop timoré propriétaire ne voulait se réduire à la classe des bons bourgeois...».
Cette opinion, même si à cette époque la notion de cinquième cru n'avait pas la même valeur qu'aujourd'hui et correspondait plutôt à un bourgeois supérieur du Médoc*, est révélatrice de la qualité du terroir du château d'Escurac. Le vignoble est situé sur l'une des croupes les plus élevées du Médoc. Elle se caractérise par une importante proportion de graves profondes. Harmonieusement complanté des principaux cépages du Médoc, il est cultivé selon les meilleures façons.
Ce cru* a été doté, par son propriétaire, de belles installations : cuvier et chai à barriques*. Désormais, sous la vigilance de MM. Landureau, l'alliance des techniques de vinification les plus modernes à celles de l'élevage traditionnel, donne à son vin, finesse, bouquet et distinction.

## Fleuves

Les fleuves qui sillonnent le département, la Garonne, La Dordogne et la Gironde, en raison de leur importance créent localement des microclimats, venant nuancer ou renforcer une dominante océanique. De ce fait, ils jouent en Gironde un rôle primordial pour la viticulture.

Château d'Escurac

## Fronsac & Canon-Fronsac (A.O.C.)

Le Tertre de Fronsac, point culminant de l'appellation, fut habité de tout temps. Sous Charlemagne, une puissante forteresse y fut érigée. Elle protégea durant longtemps les autochtones des invasions barbares. Henri IV érigea Fronsac en Duché-Pairie. Sur les ruines de cette forteresse, détruite en 1623, le duc de Richelieu, également duc de Fronsac, éleva une charmante folie italienne où se donnèrent des fêtes élégantes et spirituelles qui aidèrent les vins de Fronsac à conquérir l'estime des plus hauts personnages du pays.

Six communes (Fronsac, La Rivière, Saint-Germain-la-Rivière, Saint-Michel-de-Fronsac, Saint-Aignan, Saillans, et quelques parcelles de Galgon), jouissant d'une situation particulièrement privilégiée, d'un terroir* et d'un microclimat extrêmement favorables à la culture de la vigne, bénéficient

d'une A.O.C. spécifique : Fronsac, et pour certaines parcelles de Fronsac et de Saint-Michel-de-Fronsac, d'une A.O.C. encore plus restrictive : Canon-Fronsac, mais dont les conditions de production sont identiques.
Le sol de la région de Fronsac est très varié. Aux bords de la Dordogne et de l'Isle, on rencontre des alluvions modernes ou palus. Sur les pentes ou le haut des coteaux, les sols sont argilo-calcaires ou argilo-sableux. Le sous-sol est en général calcaire (calcaire à astéries) ou argilo-calcaire.
Une partie du vignoble de Fronsac tire son nom de la Côte de Canon. On y retrouve, entre autres, un sol argilo-calcaire reposant sur des bancs de calcaire à astéries. C'est en grande partie à la nature de ce sous-sol, que les Canon-Fronsac doivent leur réputation, et leur A.O.C..
Les vins d'A.O.C. Canon-Fronsac et/ou Fronsac sont essentiellement des vins de côte. En tant que tels, ce sont des

Vignes de Fronsac, sous la brume

vins qui ont du corps et de la mâche. Ils sont colorés, brillants, d'un rouge vermillon ou d'un rubis très soutenu. En vieillissant, ils prennent parfois une teinte topaze, marque des grands terroirs* calcaires.
Au nez, ils sont puissants et élégants. Ils développent des arômes de fruits rouges auxquels s'ajoutent quelques fragrances de poivre, d'épices, parfois même de truffe. En bouche, ce sont des vins charnus, gras et souples. Parmi les crus, citons les châteaux Canon, Haut-Mazeris, la Rivière et Moulin Haut-Laroque*.

### Girondins

Nous voulions évoquer ici l'esprit de ceux qui durant la Révolution s'opposaient aux Jacobins. L'esprit d'indépendance semble inhérent à la Gascogne. On pense inévitablement à Montesquieu ou à Montaigne, ou encore à l'image d'épinal que constitue Cyrano de Bergerac. La culture de la vigne, qui a façonné tant de paysages en Gironde, a-t-elle aussi influencé l'esprit de ceux qui la contemplent et en récoltent les fruits ? Quoi qu'il en soit, cet esprit perdure dans le temps : il est l'une des caractéristiques de cette région viticole, et l'un des facteurs qui lui a permis de devenir et de rester le premier vignoble du monde.

### Grand Mouëys (Ch.)

Le château du Grand Mouëys et le vaste vignoble qui l'entoure sont placés sur une croupe graveleuse exposée largement au sud et au sud-ouest. Il s'étend sur 170 hectares d'un seul tenant couvrant trois collines de la commune de Capian. Le domaine, dont la vocation viticole remonte à la période gallo-romaine, a appartenu au Moyen Âge aux Templiers.
En 1710, une branche de la famille Fresquet, liée aux La Chèze, conseillers du Roi et barons de Capian, s'installe dans la demeure de Piras, sur le flanc ouest de la colline du même nom qui figure sur la carte de Belleyme à la fin du XVIII^e^. En 1880, Eugène Fabars, et son gendre le comte Charles de Langsdorff acquièrent le domaine pour l'adjoindre aux terres du Grand Mouëys. Au XIX^e^ siècle, la propriété, ainsi agrandie, fut ensuite mise aux enchères et passa aux mains de négociants bordelais, la famille Grenouilleau.
En 1989, la famille Bömers (importateur traditionnel brêmois Reidemeister & Ulrichs) l'acquiert et y réalise des travaux importants dans le vignoble comme dans les chais.
Le vignoble blanc (21 hectares) assure une production de 100 tonneaux* environ d'un magnifique vin racé et distingué dont une partie est vinifiée en barriques*.
Le vignoble rouge produit un grand vin des Premières Côtes de Bordeaux*. Après un élevage en barriques pendant 18 mois (50 % de fûts neufs), le vin est mis en bouteilles au château.

Bacchus ornant monument des Girondins de Bordeaux, place des Quinconces

# GRAVES & GRAVES SUPÉRIEURES (A.O.C.)

C'est sans doute dans cette région, aux portes de Bordeaux et dans la ville, que la vigne a été implantée en Gironde dès la plus haute antiquité. Les vins de Graves – rouges et blancs – ont de tout temps porté dans le monde entier la renommée du vin de Bordeaux. Au Moyen Âge, leur réputation était très grande, et on punissait sévèrement les fraudeurs qui trompaient le public en criant sous le nom de vins de Graves les vins d'autres contrées. Le vignoble dépendant de la juridiction de Bordeaux enserrait à l'époque complètement la ville. Les anciennes éditions du « Féret », mentionnent sous cette appellation jusqu'en 1908, des vignobles dans la ville de Bordeaux. De grands noms sont attachés à cette région historique : le Prince Noir posséda un rendez-vous de chasse à Léognan, Montesquieu, philosophe-vigneron, habita au château de La Brède ou celui de Rochemorin, et le cardinal de Lamothe à Roquetaillade. La région des Graves s'étend au sud du Médoc, sur une longueur d'une soixantaine de kilomètres et une largeur de 15 à 20 kilomètres. Elle est limitée à l'est par les plaines et palus qui bordent la Garonne et à l'ouest par la forêt des Landes qui, à une certaine époque, eut tendance à faire reculer la vigne. Comme son nom l'indique, les sols et sous-sols de cette région sont essentiellement constitués d'un manteau de galets, cailloux, graviers plus ou moins grossiers, sables mêlés à des limons et argiles, reposant par endroits sur du roc mais plus généralement sur du sable pur ou de l'alios (sables agrégés contenant des particules de fer). Du fait de sa structure, ce sol est très perméable. Et s'il n'existe pas, en Bordelais ni ailleurs, de formation géologique détenant le privilège de la qualité, force nous est de constater que les Graves y contribuent amplement. Il est vrai, que, protégé des intempéries, à l'ouest par la forêt de pins, des grosses chaleurs et des excès d'humidité, par une aération et une ventilation naturelle, dues à la proximité de la Garonne, le vignoble des Graves jouit d'un microclimat des plus bénéfiques. A l'image des châteaux Chantegrive, Floridène, du Grand-Bos, du Seuil*, de Portets ou du Vieux Château Gaubert*, qu'ils soient rouges, blancs ou dorés, les vins de Graves sont des vins d'une grande finesse et de longue garde. Les Graves rouges, marqués par leur terroir, élégants et structurés, fins et aromatiques, offrent de multiples nuances dues à l'infinie variété des sols et sous-sols et à la personnalité des exploitants. Avec l'âge, ils développent des arômes d'épices, de fumées, de fruits très mûrs. Fruits de savants assemblages* issus de Sémillon, Sauvignon et Muscadelle, les Graves blancs sont des vins vifs et structurés, amples, parfumés, longs et savoureux, parfois finement boisés par la barrique*. Seuls

Château de Landiras, gravure du XIX^e^ s.

les vins blancs peuvent bénéficier de l'A.O.C. Graves Supérieures, ce sont des vins blancs moelleux, d'une belle couleur dorée avec parfois quelques nuances ambrées. Denses, ronds et subtils, ils offrent au nez des arômes d'agrumes et de pêche, avec en bouche des notes délicates d'abricot, d'acacia et de miel. Un cru de cette région, le château Haut-Brion*, fut classé Premier en 1855. Cette notoriété n'est sans doute pas étrangère, à la reconnaissance il y a quelques années par l'Institut national des appellations d'origine, d'une A.O.C. spécifique Pessac-Léognan*.

## Graves de Vayres (A.O.C.)

Proche de Libourne, la région viticole des Graves de Vayres est située sur la rive gauche de la Dordogne. Elle forme une enclave de terrains graveleux, de surface relativement restreinte, dans la vaste région de l'Entre-deux-Mers*, sur la commune de Vayres et sur le plateau d'Arveyres.

Les sols sur lesquels sont produits ces vins sont constitués d'une manière générale de terrains argilo-calcaires, sablo-graveleux ou sablo-argileux, reposant sur un sous-sol graveleux ou argilo-sableux plus ou moins compact.

Les vins blancs de cette région peuvent être secs et bien typés grâce au Sauvignon ; ils sont parfois moelleux, souples et généreux grâce au Sémillon récolté à surmaturité.

Les vins rouges sont délicats et fins et assez rapidement consommables.

## Guiraud (Ch.)

Le château Guiraud, ancien château de Bayle, classé en 1855, est, avec le château d'Yquem*, le seul premier cru situé sur le territoire de la commune de Sauternes*.

Guiraud était le patronyme des propriétaires du cru* avant que n'intervienne la classification de 1855. Cette famille marqua fortement le Sauternais et remonterait au XVII^e^ siècle. Mais c'est depuis 1981, date du rachat de Guiraud par M. Frank Narby, armateur canadien, que ce cru retrouve prestige, qualité et grandeur, fidèle en cela au fabuleux terroir qui le constitue.

L'étendue du domaine est d'environ 118 hectares, dont 100 sont consacrés à la culture de la vigne.

La qualité des sols, ainsi que celle du vignoble, s'allient aux meilleures méthodes de culture et aux soins des vendanges, où la récolte se fait en plusieurs fois, grain à grain, de façon à ne cueillir que ce qui dans la grappe a subi l'action de la pourriture noble, ou *Botrytis cinerea**.

Le vin de Guiraud se distingue par sa générosité, son élégance, son parfait équilibre et son bouquet largement épanoui. En vieillissant, il s'affinera tout en gardant une forme irréprochable, et deviendra d'une extrême délicatesse.

## Haut-Brion (Ch.)

Un grand cru dans la ville. C'est dans le terroir des Graves*, le plus proche de Bordeaux, dans ce vignoble « hors les murs », que Jean de Pontac constitua dès 1525, le domaine viticole du château Haut-Brion, et en 1550, fit construire l'aile nord du château actuel. Ses descendants, tout au long des XVII^e^ et XVIII^e^ siècles, réussirent, par une patiente recherche technologique, à produire un nouveau type de vin qui fut à l'origine des grands vins de Bordeaux. Ces efforts permirent à Arnaud de Pontac, dès 1660, d'identifier et de personnaliser sa production. Dès cette époque, les vins de Pontac, puis de Haut-Brion, connurent à Londres un immense succès. Le premier des grands crus du Bordelais était né. Premier à exister, Haut-Brion sut maintenir sa prééminence tout au long de son histoire, qui se confond d'ailleurs avec celle de Bordeaux et celle de la France. Des hommes illustres ont marqué Haut-Brion : des amiraux, un évêque, un Grand Maréchal de France, un gouverneur de Guyenne, trois maires de Bordeaux, Charles-Maurice de Talleyrand-Périgord alors qu'il était ministre des relations du Consulat et de l'Empire, et plus récemment l'ambassadeur des Etats-Unis d'Amérique à Paris,

Clarence Douglas Dillon qui fut également ministre des Finances de son pays, pendant la présidence de J. F. Kennedy. Depuis près de quatre siècles, les propriétaires et les gestionnaires de Haut-Brion ont eu l'obsession de la continuité dans la qualité. Un Premier Cru ne peut se permettre de retard technique, ni d'erreur. Élevé à la première place, il se doit d'y rester. Dans les années 1960, Haut-Brion fut le premier des grands à innover avec de nouvelles cuves de fermentation en inox, comme il est aujourd'hui le premier à améliorer les cépages qu'il utilise par une patiente et laborieuse sélection clonale personnelle. Classé Premier Cru de la Gironde en 1855, le château Haut-Brion d'A.O.C. Pessac-Léognan le fut à nouveau en 1973.

### Haut-Marbuzet (Ch.)

En 1770, les vignes de Marbuzet font partie des biens considérables que Sylvestre Fatin laisse en héritage à ses deux filles Pétronille et Rose. En 1825, elles deviennent propriété de la famille Mac-Carthy, descendants d'émigrés jacobites irlandais. En 1848, en proie à une sévère crise de succession, les Mac-Carthy revendent le domaine en le morcelant. Ainsi, la famille Poissonnier devient propriétaire d'un lot de 7 hectares qu'elle appelle Haut-Marbuzet. Cent ans plus tard, en 1952, Hervé Duboscq l'achète en rente viagère. Sans formation agricole ou œnologique, mais possédant le talent de la viticulture, il ressuscite le vignoble et enfante un vin au style personnalisé. En 1962, son fils Henri le rejoint pour l'aider à atteindre le seul but qui soit cher aux Duboscq, la gloire du Haut-

Château Haut Marbuzet

Marbuzet. Après l'acquisition des vignes voisines et enclavées (Hautes Graves de Marbuzet, Mac-Carthy Moula, Eyquem Marbuzet, Fontanelle, Hostein Marbuzet, Rose de Marbuzet, Lartigue) issues du morcellement initial des Mac-Carthy, le vignoble atteint en 1996 la superficie de 50 hectares.

Le vignoble est porté par une merveilleuse croupe de graves günziennes au sous-sol argilo-calcaire, abondamment pourvu en veines discontinues où le fer se trouve sous sa forme réduite. Élevé en barriques* de chêne, neuves pour chaque millésime, le château Haut-Marbuzet puise dans ces fûts une onctuosité parfumée qui atténue la virilité traditionnelle des vins de Saint-Estèphe*. Ainsi, charmeur dès la mise en bouteilles, il atteint avec l'âge la subtilité que permet le génie de son terroir*.

Haut-Médoc

### Haut-Médoc (A.O.C.)

Le découpage législatif Médoc Haut-Médoc date de 1935. Cette division, consacrée par un très long usage, est due à la situation de ces régions : l'une vers le haut ou en amont (Haut-Médoc), l'autre vers le bas ou en aval de la Gironde (Bas-Médoc, devenu Médoc*).
Le Haut-Médoc s'étire sur une soixantaine de kilomètres, sur la rive gauche de la Garonne et de la Gironde. À l'intérieur de ce territoire, on rencontre, outre les terroirs des six A.O.C. communales – Margaux*, Moulis*, Listrac*, Saint-Julien*, Pauillac*, et Saint-Estèphe* –, de remarquables sites viticoles. Ceux-ci sont principalement composés de croupes de graves garonnaises très perméables, reposant sur des sous-sols variés.
L'aire d'A.O.C. Haut-Médoc proprement dite comprend 5 crus classés en 1855 dont le château Belgrave*. 140 Crus Bourgeois élaborent l'essentiel de la production, parmi lesquels les châteaux Clément-Pichon, Paloumey, du Moulin Rouge, Lanessan, Sociando-Mallet, ...
Les vins d'A.O.C. Haut-Médoc sont des vins vifs et brillants. Harmonieusement équilibrés, généreux mais sans excès, ils développent au fil du temps un remarquable bouquet. Selon leur provenance, ils sont plus ou moins riches en couleur, plus ou moins corsés, mais ils possèdent tous ce caractère particulier du Médoc qui les fait apprécier dans le monde entier.

### Investisseurs

De tout temps, par passion, mais aussi par intérêt, le vignoble bordelais a attiré de grands et de moins grands investisseurs. Au XIX^e^, ils furent banquiers, au XX^e^, assureurs et

« chevaliers » d'industrie. Si la proportion de vignobles en leur possession n'est pas aussi importante qu'on veut bien le dire, il faut reconnaître que dans bien des cas, ces investissements ont permis à de grandes propriétés d'être toujours à la pointe de la technique, et aussi de préserver des terroirs* qui auraient certainement disparu. Dans les dix dernières années, nulle A.O.C. n'a échappé à cette mode, et cet élan a contribué à l'amélioration du niveau qualitatif des vins de Bordeaux.

### Lalande-de-Pomerol (A.O.C.)

L'A.O.C. Lalande-de-Pomerol est réservée aux vins produits sur les communes de Lalande-de-Pomerol et Néac. Cette région est située sur l'une des voies qui conduisaient à Saint-Jacques-de-Compostelle. Les Chevaliers de Saint-Jean de Jérusalem, et les Chevaliers de

L'église de Néac

l'Ordre de Malte y édifièrent refuges, hospices et commanderies. Datant du XII^e siècle, l'église de Lalande-de-Pomerol, unique dans le Libournais, reste le seul monument des Hospitaliers.
Cette région, dans laquelle la vigne est cultivée depuis le X^e ou XI^e siècle, prolonge vers l'ouest celle de Saint-Émilion*, mais le relief est de moins en moins tourmenté à mesure que l'on se rapproche de la vallée de l'Isle.
Le sol est argileux et argilo-graveleux à l'est, graveleux au nord et au nord-est, et il devient de plus en plus sablonneux dès que l'on se dirige vers l'ouest. Proche du confluent de la Dordogne et de l'Isle, Lalande-de-Pomerol bénéficie, comme les A.O.C. voisines (Saint-Émilion*, Pomerol*, Fronsac*) d'un climat ensoleillé, chaud et humide, convenant parfaitement à la vigne.
Les vins d'A.O.C. Lalande-de-Pomerol sont en général colo-

rés, veloutés, puissants, bouquetés et possèdent une grande finesse de sève grâce à un encépagement harmonieux. La gamme en est assez variée suivant les sols et sous-sols sur lesquels sont cultivées les vignes qui les produisent. Parmi les crus représentatifs de cette diversité nous citerons, les châteaux Perron, de Viaud, Haut Chaigneau, Grand Ormeau, et le Clos de l'Église.

### Latour (Ch.)

Le vignoble du château Latour, créé vers 1680, est l'un des plus anciens vignobles médocains.

Grâce à l'action du marquis de Ségur, son propriétaire au début du XVIIIe siècle, il acquiert très vite une prestigieuse notoriété motivée par la qualité de ses vins, celle-ci provenant en premier lieu de positions géologiques exceptionnelles sur les croupes de graves dominant la Gironde, les plus rapprochées du fleuve* de tout le vignoble médocain.

Le coeur du vignoble, nommé l'Enclos est constitué de 47 hectares de vieilles vignes qui sont précieusement maintenues, car seules capables de donner naissance au grand vin de Pauillac*. L'encépagement est de 78 % Cabernet Sauvignon et 17 % Merlot, les 5 % restants se partageant entre Cabernet franc et Petit Verdot.

Les 18 hectares de parcelles extérieures, les pieds de vigne de moins de 10 ans et les cuves éventuellement déclassées produisent le deuxième vin du domaine, Les Forts de Latour.

En 1963, l'acquisition par le groupe britannique Pearson donnait une puissante impulsion à ce premier Cru Classé et lui permettait une profonde remise à jour technique : c'est ainsi que Latour, en 1964, a été un des premiers crus à s'équiper pour la vinification de cuves en acier inoxydable à refroidissement automatique et contrôlé.

L'élevage des vins se fait dans le pur respect de la tradition en barriques* neuves de chêne merrain, pendant 17 à 20 mois. Ce mariage heureux du progrès et des traditions séculaires permet d'atteindre une qualité suprême.

Après 30 ans « d'occupation anglaise », le château Latour est redevenu français en étant acheté par François Pinault en juin 1993 et continue à oeuvrer pour la recherche de l'excellence.

Château Latour,
1er Cru Classé
en 1855

**Latour Martillac (Ch.)**
Le château doit son nom à la tour ornant sa cour d'honneur : l'escalier d'une « castagne » – ou fortin – bâtie au XII^e siècle par les ancêtres de Montesquieu, lequel vit, sans doute, ses ruines servir à la construction en fer à cheval d'une maison noble dont subsiste la chartreuse centrale.
Acquéreur du château Latour en 1929, Alfred Kressmann en change aussitôt le nom, autant pour éviter toute confusion avec son illustre homonyme médocain, que pour honorer un village auquel son père Édouard s'intéressa dès l'ouverture de sa maison de négoce* en 1871.
Une parcelle, greffée en 1884, témoigne de cet intérêt : elle contient encore l'entière collection des cépages exigés par Édouard, pour donner à son « Graves Monopole Dry » – ainsi baptisé par la diva Adelina Patti en 1892 – la race, le nerf et la sève qui, magnifiés par le grand âge de ces ceps irremplaçables, caractérisent ce cru de Pessac-Léognan*.
Sitôt propriétaire, Alfred restructure le vignoble, alors réduit à douze hectares dont 8 de vignes blanches et 4 de rouges. Sans toucher aux plus anciennes parcelles, il renverse la proportion, par adjonction de Cabernet Sauvignon aux seuls Merlot, Malbec et Petit-Verdot existants. Interrompue par la guerre, la restructuration est reprise par son fils Jean, héritier en 1954 du domaine

Chateau Latour Martillac, Cru Classé de Graves en rouge et en blanc

qu'il gère depuis 1940. Jean réalise le rêve d'Alfred en achetant le plateau graveleux séparant le domaine du village et porte progressivement le vignoble à 38 hectares : 28 de vignes rouges et 10 de vignes blanches.
Cru Classé de Graves* en rouges et en blancs, ce domaine appartient depuis 1974 à un groupement foncier agricole familial dirigé par Loïc et Tristan Kressmann.

vignobles à Listrac

## Listrac-Médoc (A.O.C.)

M. d'Armailhac, dans son ouvrage sur la culture de la vigne en Médoc, paru en 1855, indique que l'on peut comparer le plateau de Listrac aux plus belles expositions du Médoc. Il est exact qu'enserrée entre les magnifiques croupes de Fonréaud au sud, et de Fourcas au nord, le plateau de Listrac occupe sur une longueur d'environ cinq kilomètres une des plus hautes altitudes du Médoc.

M. Boissenot, ingénieur œnologue, décrit ainsi le vin de Listrac : « Le vin de Listrac présente en bouche un volume extraordinaire, enrobant le palais. Sa présence est construite. C'est le vin des œnophiles, c'est le vin que l'on mâche tant sa texture est serrée. Solidement constitué, tannique, charpenté, il est l'alliance parfaite du fruit donné par le Cabernet et la puissance fournie par le Merlot. Il est de ce fait ample et soyeux, un mélange d'esprit et de virilité. » On ne saurait mieux dire.
L'amateur retrouvera ce type de vin en dégustant les châteaux Fourcas-Dupré, Fourcas-Hosten, Saransot-Dupré, Clarke, Peyredon la Gravette, La Lauzette, ...
Sur cette commune, les vins peuvent également bénéficier des A.O.C. Haut-Médoc* et Médoc*.

## Loupiac (A.O.C.)

Loupiac, située au pied des coteaux, eut à souffrir parfois des caprices de la Garonne. La vigne en revanche, profitant de l'exposition au midi de pentes souvent assez raides, s'est implantée dans cette région dès la fin du XIII^e siècle. Comme à Sainte-Croix-du-Mont*, le relief est tourmenté et le sol de même nature : argilo-calcaire ou argilo-sableux vers l'est.

Le vin blanc de Loupiac possède un moelleux, un fruité et une sève susceptibles de donner satisfaction aux palais les plus exigeants et les plus délicats. Fin, ferme et généreux, sa qualité ne fait que s'accroître en vieillissant. La qualité de chaque cru dépend évidemment de la nature de son terroir*, et particulièrement des soins apportés par le vigneron à la culture et surtout aux vendanges et à la vinification. Les châteaux Mémoires, de Ricaud, du Cros et le Clos Jean retiendront, en cela, toute l'attention de l'œnophile.

Le vin rouge produit dans l'aire d'appellation* Loupiac ne peut

bénéficier que de l'A.O.C. d'origine contrôlée Bordeaux supérieur* ou Bordeaux*, bien qu'elle soit enclavée dans l'aire d'appellation Premières Côtes de Bordeaux*.

## Lussac-Saint-Emilion (A.O.C.)

Bien avant l'ère chrétienne et celle de la civilisation gallo-romaine, on célébrait, ici, des rites païens, comme en témoigne, au Tertre de Picampeau un mégalithe gaulois. La légende ou l'histoire, veut que ce soit un dénommé Lucius ou Lucciacus, qui, à l'époque gallo-romaine, ait implanté sur les coteaux environnants les premières vignes.

Son domaine Lucanius aurait légué son nom et ses premières limites à la paroisse de Lussac. Serpettes et amphores, trouvées par des archéologues ou extraites au cours de terrassements effectués en profondeur confirment cette assertion.

Bien drainé et remarquablement exposé, le terroir* viticole de Lussac-Saint-Émilion se

Lussac Saint-Émilion

prête parfaitement à la production de vins rouges de qualité., comme le démontrent régulièrement, les châteaux de Bellevue, de Croix Rambeau, de la Grenière.

Ils se caractérisent par la couleur profonde de leur robe et leur bouquet subtil, tout en finesse et générosité.

À l'image de ceux qui les élaborent, ce sont d'excellents compagnons de table. Jeunes, ils s'entendent à merveille sur des mets à saveur accusée (grillades de viandes rouges, gibiers).

En prenant de l'âge, la maturité les gagne et ils s'harmonisent alors avec les viandes rôties et sauces.

### Maison Blanche (Ch.)

Le château Maison Blanche est un magnifique domaine de 40 hectares d'un seul tenant. C'est l'un des plus beaux et des plus importants de la région saint-émilionnaise, depuis l'adjonction, au début de ce siècle,

du vignoble de Lamarsalle, lui aussi détaché de l'ancienne Seigneurie de Corbin.

Cet ensemble, situé à quelques arpents du point de rencontre des appellations Lalande-de-Pomerol*, Pomerol*, Saint-Émilion* et Montagne-Saint-Émilion*, recouvre une partie du territoire de l'ancienne villa gallo-romaine Lucaniacus.

Le partage des biens de Roze Gruignet de Labory du 2 mai 1765, atteste déjà d'un vignoble planté sur les terres de l'actuel château Maison Blanche.

Considéré comme premier cru de l'appellation Montagne-Saint-Émilion* depuis le début de ce siècle, il est aujourd'hui connu dans le monde entier, grâce à sa diffusion sur les cinq continents.

Les Merlot et Cabernet produisent environ 190 tonneaux* sur les pentes argileuses et les plateaux pierreux. Seuls 80 tonneaux seront isolés, assemblés, élevés en barriques de chêne et mis en bouteilles sous la marque château Maison Blanche.

Le second vin sera commercialisé sous la marque Les Piliers de Maison-Blanche. Depuis le millésime 1985, une série limitée est élaborée selon les méthodes des Premiers Grands Crus. Elle est commercialisée sous la marque Louis Rapin.

## Margaux (A.O.C.)

Comme dans la majeure partie des vignobles entourant Bordeaux, la vigne apparut dans la région de Margaux à l'époque gallo-romaine.
Mais, si au début du XVIIIe siècle, un texte fait mention du château Margaux*, ce n'est qu'à la fin de ce même siècle que les propriétaires prennent conscience de la valeur des terroirs et de la capacité de vieillissement* des vins. Il est d'ailleurs amusant et curieux de constater qu'il fallut plus d'un siècle après le célèbre classement de 1855 et de nombreuses luttes intercommunales pour que soit reconnue et délimitée l'A.O.C. Margaux d'une façon précise.
Le vignoble de Margaux repose principalement sur des nappes garonnaises déposées au cours du quaternaire ancien. Celles-ci forment un vaste plateau, d'environ 6 km de long sur 2 de large, festonné sur son pourtour de croupes graveleuses successives. Ces graves associées à des galets de dimension moyenne forment l'un des plus beaux ensembles günziens du Haut-Médoc* reposant sur un soubassement tertiaire calcaire ou argilo-marneux. Bien protégé des vents océaniques par la forêt, ce terroir* bénéficie par l'estuaire de la Gironde d'un excellent brassage d'air qui en tempère le climat.
La pauvreté des sols alliée à la perméabilité des graviers et au modelé des croupes en pentes légères réunit les conditions idéales pour l'obtention de grands vins.
Nous rencontrons, sur les cinq communes qui constituent l'A.O.C. Margaux, 21 crus classés en 1855, dont un Premier le château Margaux. Citons parmi les autres, le château Palmer, pour lequel les frères Pereire, furent des investisseurs* talentueux. Quelques crus Bourgeois défendent aussi les couleurs de l'A.O.C., dont les châteaux Deyrem Valentin, d'Angludet, Monbrison.
Les vins de l'A.O.C. Margaux ont une belle couleur rubis, beaucoup de finesse et un bouquet caractéristique. Ils sont généreux sans être capiteux. Lorsque la vinification est réussie, le Margaux est, pour de nombreux amateurs, l'un des meilleurs vins du monde ; quelle que soit son origine, Classé, Bourgeois*, Artisan ou autre, il offre une palette exceptionnelle et infinie de bouquets de goût fruités. Il possède une sève élégante, subtile et consistante. Sa délicatesse, sa souplesse et ses arômes fruités et fins font dire qu'il est le plus féminin du Médoc… sans doute est-ce pour cela qu'il conserve longtemps tous ses atours.

Vendanges manuelles en Médoc

# MARGAUX (CH.)

Avec son péristyle ionique, son escalier monumental, sa façade classique, le château Margaux s'harmonise avec le cru* illustre dont il porte le nom. Cette noblesse d'équilibre et de mesure, cette somptuosité définissent aussi bien ce bijou architectural que le vin produit par les vignes qui l'entourent.

Cette illustre demeure fut celle d'Edouard III, roi d'Angleterre ; c'était alors un des plus imposants châteaux fortifiés de la Guyenne. Au XIIe siècle, connu sous le nom de La Mothe, il appartenait à la puissante famille d'Albret. Plus tard, il passa aux Montferrand, puis aux seigneurs de Durfort. Au milieu du XVIIIe siècle, le château Margaux était devenu la propriété de M. de Fumel, commandant militaire de Bordeaux, qui contribua grandement à perpétuer la célébrité de ce magnifique domaine. En 1802, le marquis de La Colonilla s'en rendit acquéreur, rasa le vieux manoir gothique et fit construire à la place, par l'architecte Louis Combes, élève de Victor Louis, le château que l'on admire depuis. En 1879, le comte Pillet-Will améliora encore la réputation de ce vignoble. Actuellement, le château et les 260 hectares qui l'entourent sont la propriété de la S.C.A. du château Margaux. Corinne Mentzelopoulos veille désormais aux destinées de ce Premier Cru Classé en 1855.

Bien qu'il soit considérable, ce vignoble est cultivé avec une application minutieuse et un pieux respect de la qualité. Seuls sont admis à l'honneur de porter l'étiquette château Margaux les vins ayant subi les épreuves d'une sévère sélection. Cette dernière, extrêmement rigoureuse, conduit à un deuxième vin, de même race mais à boire plus jeune, proposé sous l'étiquette Pavillon Rouge du Château Margaux.

Une parcelle en gravier très fin d'environ 12 hectares est consacrée depuis plus d'un siècle au cépage Sauvignon blanc qui produit, en quantité limitée, un vin blanc sec, original et subtil, le Pavillon Blanc du Château Margaux.

Château Margaux, 1er Cru Classé en 1855

## MÉDOC (A.O.C.)

Géographiquement, le Médoc est cette vaste presqu'île triangulaire qui s'étend au nord-ouest de Bordeaux, de la Jalle (ruisseau) de Blanquefort jusqu'à la pointe de Grave, entre l'océan Atlantique à l'ouest et l'estuaire de la Gironde à l'est.

Le vignoble proprement dit occupe une zone beaucoup plus restreinte, située en presque totalité en bordure du fleuve* entre Blanquefort au sud et Saint-Vivien-de-Médoc au nord. À l'ouest, la zone viticole est limitée, pratiquement au niveau de la ligne de séparation des eaux, par la forêt de pins qui constitue, face à l'Océan, un écran naturel protégeant le vignoble des vents du large. Forêt qui par ailleurs, à certaines époques, a eu tendance à faire reculer le vignoble en raison des risques de gelées qu'elle provoquait et de l'absence de culture qui en résultait.

Implanté en bordure de l'estuaire de la Gironde, le vignoble médocain bénéficie d'une situation privilégiée, presque unique. Le vignoble médocain est coincé entre deux masses d'eau très importantes formées par l'Océan et l'estuaire qui créent un microclimat des plus favorables : de faibles écarts de température et une certaine humidité atmosphérique qui, jointes à la chaleur et à l'ensoleillement, sont particulièrement bénéfiques aux raisins, principalement au cours de la période de maturation.

Les vignes sont implantées sur une succession de croupes graveleuses (graves de Günz), restes de terrasses d'alluvions anciennes déposées par les glaciers descendus des Pyrénées et du Massif central, et fragmentées par l'érosion fluviale.

Les graves sont des terres pauvres et inaptes à toute culture autre que la vigne ou la forêt. En revanche, du fait de leur perméabilité, elles sont particulièrement propices à l'obtention de vins de qualité, en contraignant les ceps à enfoncer leurs racines profondément dans le sol afin d'y puiser l'eau et les éléments indispensables à leur développement.

La qualité des vins produits dans le Médoc diffère selon le pourcentage de chaque cépage utilisé : Cabernet Sauvignon, Cabernet franc, Merlot et Petit-Verdot. Si l'on s'en tient au texte définissant l'A.O.C. Médoc, celle-ci recouvre l'ensemble des terroirs* et communes viticoles de la presqu'île Médoc, y compris ceux de l'A.O.C. Haut-Médoc*.

Concrètement, on constate que les vins d'appellation Médoc proviennent principalement des communes au nord et nord-ouest de Saint-Seurin-de-Cadourne, tels ceux des châteaux Tour Haut-Caussan*, d'Escurac*, les Ormes Sorbet, Potensac, Patache d'Aux, Tour de By.

Les vins d'appellation Médoc sont des vins enchanteurs à plus d'un titre. Diversité des terroirs, proportion des cépages (Cabernet Sauvignon, Cabernet franc, Merlot et Petit-Verdot), individualité des vinificateurs permettent d'élaborer des vins qui, quoi qu'ayant un air de famille, possèdent chacun une personnalité et des caractéristiques.

L'amateur découvre une gamme infinie de sensations et de plaisirs tant visuels qu'olfactifs, gustatifs et même tactiles.

### Mondésir Gazin (Ch.)

M. Pasquet acheta ce vignoble en 1990 et sut profiter de son expérience antérieure, puisqu'il travailla à Saint-Estèphe* sur les terres du château Haut-Marbuzet*. Apprentissage profitable s'il en est…

A l'époque de l'acquisition, le vignoble lui-même produisant un cru d'A.O.C. Premières Côtes de Blaye* était en excellent état avec des vignes d'un âge moyen de 25 ans. Les premiers travaux entrepris consistèrent à rendre leur blonde beauté aux pierres de la « longère » (longue bâtisse typique de la région) et à mettre les chais au niveau de l'exigence du nouveau propriétaire. Quant à la vinification, une table de tri fut instaurée afin de ne confier aux cuves qu'un raisin parfaitement sain.

Les moûts sont refroidis au moyen d'un serpentin. 40 % de la récolte sont logés dans le bois.

### Montagne-Saint-Émilion (A.O.C.)

Au cœur du Saint-Émilionnais, dans un site privilégié, Montagne est une commune dont le passé est fortement marqué par l'histoire. Mais Montagne mérite notre attention pour sa production vinicole et l'attachement viscéral de ses habitants à son terroir* que pour son passé et ses sites. À tel point que ceux-ci ont créé une Maison du Vin, un Écomusée et Musée du Vigneron Paysan, ou encore ont accueilli sur leur commune le lycée agricole dit de Libourne-Montagne, l'un des tout premiers de France en matière de formation viti-vinicole et d'enseignement supérieur dans le domaine du vin.

Le sol de Montagne est assez semblable à celui de l'aire d'appellation* Saint-Émilion*. Les coteaux sont généralement calcaire à argilo-calcaire reposant sur un sous-sol calcaire à astéries.

Dans les pentes et plateaux, outre des terrains de même nature, on rencontre des sols silico-argileux dont le sous-sol est parfois ferrugineux.

Comme pour son prestigieux voisin Saint-Émilion, du fait de l'étendue et de la diversité de son terroir, il n'existe pas un vin de Montagne-Saint-Émilion, mais des vins de Montagne-Saint-Émilion*, qui, tous à des degrés différents, ravissent le consommateur, tels ceux des châteaux Maison Blanche*, Faizeau, Montaiguillon, Calon, Petit Clos du Roy...
Selon leur provenance, ils sont plus ou moins colorés et vont de la couleur cerise, à celle du vermillon, du rubis ou encore de la pourpre. Au nez, ils peuvent être frais, vifs, floraux, puissants, riches, mais toujours suaves. En bouche, plus ou moins tanniques, ils expriment leur race avec rondeur, générosité et distinction. Jeunes, ils s'accordent avec tous les mets; vieux, ils révèlent leur richesse, leur bouquet et leur puissance sur les gibiers, volailles et sauces.

## Montrose (Ch.)

Les terres du château Montrose ont été achetées par arrêt du Parlement de Bordeaux le 6 mars 1778 à Alexandre de Ségur par Etienne Théodore Dumoulin. Ce coteau graveleux de plus de 80 ha était alors une lande couverte de bruyère. Le fils de M. Dumoulin commença la construction du château en 1815 et créa le vignoble en même temps. En 1825, il y avait seulement 5 à 6 ha en

Vue aérienne de Montagne-Saint-Emilion

Château Montrose, Cru Classé en 1855

vignes, mais en 1832 il y en avait 35 ha. En 1855, le château Montrose est classé Deuxième Cru. A cette époque, la production variait entre 100 et 150 tonneaux*. Il est resté ainsi la propriété de la famille Dumoulin jusqu'en 1866. C'est alors Mathieu Dollfus qui l'acheta pour la somme de 1 500 000 FF. M. Dollfus fit reconstruire une partie des bâtiments et agrandit le vignoble. En 1880, il s'étendait sur 65 ha pour une production d'environ 200 à 250 tonneaux. M. Dollfus étant décédé, ses héritiers le vendirent à Jean Hostein pour la somme de 1 500 000 FF. Quelques années plus tard, en 1896, M. Hostein le revendit à son gendre, Louis Charmolüe. Depuis, il est resté dans la même famille, il est dirigé par Jean-Louis Charmolüe depuis 1960.

Le domaine est remarquable par ses aménagements. D'un seul tenant, le vignoble est divisé en grands carrés, séparés les uns des autres par de larges allées, et plantés de cépages choisis, tels que Cabernet franc, Cabernet Sauvignon et Merlot. C'est à cela que le grand cru de Montrose doit d'être cité comme un vignoble modèle. C'est aussi à la nature de son sol graveleux, à son exposition toute particulière, qu'il doit sa grande réputation et la juste faveur dont il jouit. Les connaisseurs le classent en tête des crus de sa catégorie. Faveur méritée par la régularité de sa qualité, Montrose, disent les initiés, est le « Latour de Saint-Estèphe ». Cette comparaison ne semble guère exagérée.

## ■ Moulin Haut-Laroque (Ch.)

Ce cru est un exemple des vignobles familiaux. Possession de la famille Hervé depuis de nombreuses générations, il a été définitivement constitué à la fin du XIXe s. Les 15 hectares de vignes situés sur la commune de Saillans en A.O.C. Fronsac*, sont particulièrement bien exposés. Jean-Noël Hervé, respectueux des traditions s'attache depuis 1977, à mettre en valeur ce superbe terroir*, et produire des vins typiques de cette appellation.

## ■ Moulis ou Moulis-en-Médoc (A.O.C.)

C'est sans doute en raison de la présence sur son territoire de nombreux moulins – à eau et à vent – aujourd'hui disparus, que cette commune porte le nom de Moulis, déformation des mots d'origine latine, molinis, mola. Et si ce nom atteste que l'on y cultivait des céréales, on sait aussi que dès le Moyen Âge, la vigne y fut établie par quelques propriétaires et une communauté religieuse importante.

Ainsi, le vignoble put croître et sa réputation s'établir au côté d'autres communes viticoles avoisinantes, notamment aux cours des XVIIIe et XIXe siècles.
Compte tenu de la complexité de ses terroirs, strictement sélectionnés pour leur influence déterminante sur la qualité des vins, Moulis-en-Médoc donne une synthèse exceptionnelle des grands vins ou crus du Médoc.
Plus de 90 % de la production sont issus de crus Bourgeois prestigieux, tels Chasse-Spleen, Poujeaux*, Maucaillou, Anthonic, Moulin à vent, Brillette... Lors des palmarès annuels de la Coupe des crus Bourgeois du Médoc, un cru de Moulis est souvent placé en première, seconde ou troisième place.
Les producteurs peuvent employer indifféremment à l'étiquetage, l'expression appellation Moulis contrôlée ou appellation Moulis-en-Médoc contrôlée. Celles-ci n'indiquent en aucun cas une notion de supériorité qualitative ou gustative de l'une par rapport à l'autre.
Les vins d'appellation Moulis ou Moulis-en-Médoc associent finesse, élégance, générosité, charme et vigueur. Leur robe rubis est dense et profonde. Leur bouquet est élégant; ils présentent des nuances aromatiques complexes et puissantes. Certains spécialistes ont dit du terroir* de Moulis qu'il était un formidable concentré du Médoc. Cela peut s'appliquer également à sa production. Les vins issus de graves rappellent la finesse des Margaux*, la puissance et la complexité des Saint-Julien*. Ceux issus de terres argilo-calcaires, plus corsés, rappellent la noblesse des Pauillac*. Ils atteignent leur plénitude après 8 à 10 années. Leur structure tannique leur permet de supporter avec bonheur le poids des ans.

Château Chasse Spleen

Ch. Mouton Rothschild, 1er Cru Classé en 1973

## Mouton Rothschild (Ch.)

En 1853, le baron Nathaniel de Rothschild, de la branche anglaise de la famille, acheta le château Brane-Mouton auquel il donna aussitôt le nom de château Mouton Rothschild. Pourtant, malgré l'excellence du cru sis à Pauillac*, aucun membre de la famille ne s'y intéressa véritablement jusqu'en 1922. Cette année-là, âgé de 20 ans, le baron Philippe, séduit par le charme de la propriété et son environnement, décida d'en faire l'œuvre de sa vie. En 1924, il fut l'initiateur de la mise en bouteilles intégrale au château, pratique inusitée jusque-là. En 1926, il fit construire le célèbre Grand Chai (100 m de long) par l'architecte Charles Siclis.

En 1945, pour célébrer la Libération, le baron Philippe eut l'idée originale de couronner l'étiquette de ce millésime par un dessin approprié. Ce fut le « V » de la Victoire et le début de la passionnante collection d'œuvres originales créées chaque année par des peintres célèbres pour les étiquettes de Mouton (Mirò, Chagall, Braque, Picasso, Warhol, Delvaux). En 1962, fut inauguré le Musée du Vin dans l'Art, qui réunit trois millénaires d'objets précieux consacrés à la vigne et au vin. Mouton devenait ainsi un haut lieu touris-

Les Chartrons (XIXe siècle) dessiné par Philippe ; lithographie d'Armand Cuvillier

tique*, attirant chaque année des milliers de visiteurs.
En 1973, après un long combat, le Baron Philippe obtint la révision du classement de 1855, et Mouton accéda officiellement au rang de Premier Cru Classé du Médoc.
Après la disparition du baron Philippe de Rothschild en 1988, sa fille, la baronne Philippine de Rothschild, déjà associée depuis plusieurs années à l'œuvre de son père, prit en main les destinées de Mouton. Depuis lors, elle se consacre à accroître toujours la qualité et la notoriété de ce grand vin dont la devise proclame fièrement : « Premier je suis, second je fus, Mouton ne change ».

## NÉGOCE

On désigne généralement sous le vocable de négoce ou de place de Bordeaux l'ensemble des entreprises commerciales de la Gironde qui ont la charge de mettre en marché le vin de Bordeaux, tant en France qu'à l'étranger, auprès d'une clientèle extrêmement diversifiée et sans cesse croissante. Historiquement, le négoce girondin* a toujours joué un rôle prépondérant pour faire connaître et apprécier les vins de Bordeaux dans le monde. Son apogée remonte à la fin du XVIII^e^ et au début du XIX^e^ siècle, époque au cours de laquelle se sont installés à Bordeaux, sur la rive gauche de la Garonne, dans le quartier des Chartrons, un grand nombre de négociants d'origine anglo-saxonne et scandinave, pour la plupart.

Leurs chais s'étiraient le long de la « rivière », seule voie de communication pour l'expédition des vins vers l'étranger. Les bureaux et hôtels particuliers situés en façade, devaient bientôt constituer un des plus beaux ensembles de l'architecture urbaine du XVIII^e^ siècle en Europe.

Le rôle premier du négoce est d'apporter sa contribution à la connaissance des marchés, des goûts, des attentes des consommateurs et de les mettre en harmonie avec l'éventail de l'offre des vins de Bordeaux.

Mais il réside également dans la régulation du marché. Par définition, le vin est un produit naturel dont les qualités, disponibilités, et prix sont inhérents aux aléas de la production. Le négoce, doté des moyens les plus modernes pour assurer l'élevage des vins, disposant d'un potentiel de mise en bouteilles de 4,5 millions d'hectolitres et d'une capacité de stockage de 3 millions d'hectolitres, a la possibilité de moduler les effets déstabilisants et de présenter en permanence aux amateurs des produits toujours disponibles.

Près de 300 entreprises constituent cette formidable machine au service du vin, dont 200 maisons traditionnelles de négoce-éleveur. Elles réalisent un chiffre d'affaires qui avoisine les 15 milliards de francs, dont plus de 37 % à l'exportation.

## Nodoz (Ch.)

Ce domaine est d'origine très ancienne puisqu'il fut acheté en 1791 au comte de Nodoz, par la famille de M. J.J. Bordes, négociant-armateur réputé à Bordeaux, qui le reconstitua et imposa sa notoriété. C'est au cours de la crise viticole de 1930 qu'il fut racheté par la famille Magdeleine aux négociants Posso et Rosenfeld.

Admirablement situé sur un coteau graveleux, il s'étend sur une superficie de 40 hectares d'un seul tenant, à cheval sur les communes de Tauriac et Lansac, et bénéficie en outre d'un ensoleillement maximum dû à son exposition est-sud-est et sud-ouest.

Après une vinification traditionnelle, les vins du château Nodoz sont élevés en barriques* de chêne pendant une période de 12 à 18 mois selon le millésime.

De nombreuses médailles dans les concours vinicoles, ainsi que des citations élogieuses dans les nombreuses revues spécialisées, sont venues récompenser ce vin d'A.O.C. Côtes de Bourg*, robuste et généreux, qui peut se boire jeune, mais aussi surprendre l'amateur qui saura l'attendre.

### Pauillac (A.O.C.)

Depuis la nuit des temps jusqu'à l'aube de ce XXe siècle, Pauillac eut une activité portuaire des plus florissantes due à sa situation privilégiée, à mi-chemin entre l'embouchure de la Gironde et Bordeaux. De nombreux navires y faisaient escale avant de remonter vers Bordeaux, ou de prendre la mer. Mais aujourd'hui, les moyens de transports ayant changé, il ne reste que les témoignages et le souvenir, comme l'a écrit Bernard Ginestet dans son livre sur Pauillac.

La présence du vignoble remonte à la fin du Moyen Âge. Il s'étendit pas à pas au cours des siècles suivants. Mais c'est avec l'avènement des grandes propriétés au début du XVIIe, puis durant les XVIIIe et XIXe siècles qu'il prit l'importance que nous lui connaissons aujourd'hui.

Les sols de cette A.O.C. sont composés de croupes graveleuses au nord et au sud, séparées en partie par le marais de Pibran. Leur modelé exceptionnel caractérise ce terroir de graves garonnaises plus ou moins sableuses, et donc bien drainées.

Dans cette commune, nous trouvons le plus grand nombre (18) de crus classés en 1855, dont trois Premiers : Lafite Rothschild, Latour* et Mouton Rothschild* (en 1973). Ces 18 crus représentent 84 % de la production d'A.O.C. Pauillac !

Ces vins sont parmi les plus célèbres du Médoc. Ils sont corsés, pleins de sève, fins et distingués. Puissants dans leur jeunesse, leurs arômes de fruits rouges ou de fleurs (cassis, framboise, violette, rose, iris) se fondent avec le temps en un bouquet délicat. Riches et complexes, ils sont particulièrement aptes au vieillissement*. Souvent d'ailleurs, le gourmet les attend et se trouve récom-

Château Lafite, 1er Cru Classé en 1855, gravure du XIXe s.

# PESSAC-LÉOGNAN (A.O.C.)

Cette A.O.C. est la dernière née à Bordeaux. Insérée dans l'aire des Graves*, les vins qui y sont produits peuvent également bénéficier de toutes les A.O.C. de cette région.

Face aux dangers de l'urbanisation, les viticulteurs de cette zone ont œuvré avec beaucoup de persévérance pour obtenir une A.O.C. spécifique. De nombreux éléments allaient en ce sens. Dans cette partie des Graves* nous trouvons, avec une homogénéité remarquable, les sols les plus graveleux et les plus typiques. Les vins se sont de tout temps distingués par leur niveau qualitatif. Ce que confirment les 15 éditions du « Féret », et les mercuriales de leurs prix de vente. Enfin historiquement, vignoble embryonnaire des vins de Bordeaux, les Pessac-Léognan méritaient d'être consacrés.

Actuellement, une soixantaine de crus se partagent ce magnifique terroir*, parmi lesquels on distingue 16 crus classés. Certains sont classés pour leur production de vin rouge : le château Haut-Brion* (classé 1er cru en 1855), mais aussi le château Pape Clément à

Château Haut-Brion, 1er Cru Classé en 1855

Pessac, créé en l'an 1300 par Bertrand de Goth, élu pape sous le nom de Clément V en 1305. D'autres le sont pour leur vin blanc, tel Couhins, ou pour les deux, tels le domaine de Chevalier et le château Latour-Martillac*. De nos jours, ce vignoble grignote parfois les zones constructibles de la communauté urbaine de Bordeaux, tel le Domaine du Luchey, dont les premières vendanges auront lieu en 2001, après plus d'un demi-siècle d'absence. Citons encore parmi les crus les plus réputés, les châteaux La Louvière, de Rouillac, de Grandmaison, Baret, La Garde...

Les vins rouges d'A.O.C. Pessac-Léognan sont des vins de haute expression. Ils possèdent une sève très marquée, une structure remarquable et une grande finesse. Généralement élevés en fûts de chêne, dotés d'une grande longévité, signe premier d'un vin de haute qualité, ils méritent d'être attendus et consommés avec respect.

Les Pessac-Léognan blancs, issus principalement de Sauvignon et de Sémillon, sont les plus fameux blancs secs du Bordelais. Ils doivent cette notoriété, non seulement à la richesse de leur palette aromatique, mais aussi à leur grande aptitude au vieillissement. Élevés en fûts de chêne, on peut les découvrir étonnants de fraîcheur et de vivacité après 5, 10, voire

**Pétrus (Ch.)**
Dominant la commune, tant par sa situation géographique que par la qualité de ses grands vins, le château Pétrus produit un vin généreux, à la fois fin, corsé, bouqueté, et possédant de plus le parfum très prononcé de la truffe. Ces qualités spéciales sont dues à son sous-sol sablo-argileux, reposant sur un lit de crasse de fer, ce qui lui donne ce cachet particulier qui le fait universellement apprécier.

Mme E. Loubat apportait ses soins les plus attentifs et les plus méticuleux tant à la culture de ce beau vignoble qu'à la vinification. Depuis son décès, sa nièce, Mme L.-P. Lacoste-Loubat, perpétue la tradition familiale, voulant conserver à ce très grand vin sa vieille renommée mondiale, qui le désigne indiscutablement comme le premier des crus de Pomerol*.

**Pomerol (A.O.C.)**
Au XIIe siècle, les puissants Hospitaliers de Saint-Jean-de-Jérusalem établirent leur première Commanderie en Libournais sur la commune de Pomerol. Ils y édifièrent leur manoir, un hôpital qui accueillait les pèlerins se rendant à Saint-Jacques de Compostelle et une église.
Si le vignoble fut plus ou moins abandonné et dévasté pendant la guerre de Cent Ans et l'occupation anglaise, il fut reconstitué au cours des XVe et XVIe siècles, mais fut à nouveau mis à mal pendant les guerres de Religion. Mais dès 1900, les viticulteurs de Pomerol créèrent un syndicat afin de défendre leur appellation, avec notamment pour objectif d'empêcher les viticulteurs des communes voisines d'étamper abusivement leurs barriques* au nom de Pomerol.
Henri Enjalbert, dans son ouvrage *Les Grands Vins de Saint-Émilion*, Pomerol et Fronsac**, nous permet de mieux appréhender le caractère unique du terroir* de Pomerol. Celui-ci est basé sur un microclimat spécifique allié à une exceptionnelle composition géologique : graves de surface plus ou moins compactes ou sablonneuses, reposant sur un sous-sol comportant des oxydes de fer.
Actuellement, il n'existe à Pomerol aucun classement officiel, mais une hiérarchie de fait, en tête de laquelle se distingue le château Pétrus*. Cet ordre n'étant pas figé, les producteurs de cette région se livrent à une saine émulation et à une loyale compétition qui ne peuvent être que bénéfiques à la renommée de l'A.O.C. Les crus, Vieux-Château-Certan, La Conseillante, Nénin, La Pointe, Clos René, de Sales, Vieux Maillet, et bien d'autres, n'offrent à l'amateur que l'embarras du choix.
Le vin de Pomerol peut surprendre quelque peu le dégustateur qui l'aborde pour la première fois : il allie la finesse du Médoc* et la générosité du Saint-Émilion*. C'est cet ensemble de qualités qui lui donne sa typicité. Il révèle, après quelques années de vieillissement* toute la splendeur de son talent et sollicite la plupart des sens : la vue, par le brillant, le velouté, la densité de la robe ; l'odorat, par les parfums exquis et subtils de petits

Soutirage
du vin
à la barrique.

fruits rouges, de truffe et de violette ; le goût, allié au toucher, lorsqu'en bouche il dévoile le soyeux de son corps et la rondeur de sa chair.

## ■ Poujeaux (Ch.)

Le château Poujeaux appartenait vers le milieu du XVI^e siècle, sous le nom de la Salle de Poujeaux, à Gaston de l'Isle. C'était une dépendance de la Tour Saint-Mambert (actuel château Latour*). Devenu depuis château Poujeaux, il est resté dans la famille Castaing jusqu'au décès de M. Philippe Castaing (1920) et est passé ensuite entre les mains de M. François Theil. Son fils, Jean Theil, signa les différents millésimes depuis 1947. Il mit tout son talent à la réunification des trois châteaux Poujeaux en une seule exploitation, telle qu'elle était avant 1880. À sa mort en mars 1981, deux de ses fils, Philippe et François, ont pris la destinée de ce Cru Bourgeois de Moulis*. Les vinifications sont faites dans des installations particulièrement modernes. Le temps de macération varie de quatre à six semaines. Dès les premiers jours de décembre, le vin nouveau est mis en barriques* de chêne merrain dont la moitié est renouvelée chaque année. La production est mise en bouteilles au bout de deux ans. Le château Poujeaux est membre de l'Académie* des vins de Bordeaux et de l'Union des Grands Crus*.

# PREMIERES COTES DE BORDEAUX (A.O.C.)

Vignobles des Premières Côtes, citadelle de Langoiran

La région des Premières Côtes de Bordeaux s'étend de Bassens à Saint- Maixant tout au long de la Garonne dont elle épouse les méandres.
C'est une région au relief accidenté où il est agréable de se promener car les points de vue dégagés y sont fréquents. Par ailleurs, on y trouve de nombreux petits châteaux, monuments ou sites historiques, tels les villes fortifiées de Rions et de Cadillac*. De célèbres personnages naquirent, vécurent ou séjournèrent ici. Parmi eux, Rosa Bonheur, Henri de Toulouse-Lautrec, Anatole France, François Mauriac, André Berry, Pierre Larquais et Gustave Eiffel.
Le vignoble est situé sur les pentes et les cimes des coteaux qui bordent le fleuve* et réparti sur trente-sept communes dont les clochers semblent jalonner les limites de ce territoire.
Jusqu'à un passé récent, la partie septentrionale de cette région était connue pour sa production de vins rouges tandis que la partie méridionale, bénéficiant d'un microclimat favorable à la production de vins moelleux, l'était pour les vins blancs. Les uns et les autres ont acquis une notoriété certaine de par leurs qualités, dues à un terroir* privilégié, mais aussi de par la proximité même de la ville de Bordeaux, et de par protectionnisme qu'elle leur accorda depuis le Moyen Âge jusqu'au XVIII^e siècle. Durant le XIX^e siècle, ces vins furent recherchés, notamment pour l'excellence de leur aptitude à voyager sans

Double page suivante : chais Millésima SA.

s'altérer.
Les vins rouges bénéficiant de l'appellation Premières Côtes de Bordeaux sont en règle générale colorés, bien charpentés, assez corsés. Grâce à la dominante Merlot, qui leur apporte de la rondeur et des tanins* souples, ils peuvent être dégustés jeunes, sur leur fraîcheur et leur fruit. Cependant, leur forte charpente leur permet de vieillir et de s'affirmer par leur délicatesse et leur générosité.
Les vins blancs sont des vins moelleux ou parfois même liquoreux surtout lorsqu'ils sont produits dans les communes incluses dans l'aire de l'appellation d'origine Cadillac*. Ils se distinguent par leur corps, leur finesse. Obtenus principalement à partir de Sémillon qui leur apporte des notes de rôti et de fruits confits, ce sont des vins gras, chaleureux.
Le nom de la commune d'origine peut être adjoint à l'A.O.C. Premières Côtes de Bordeaux. Cependant, nous devons indiquer que cette possibilité n'est guère utilisée par les producteurs. Parmi les crus les plus réputés, citons les châteaux Reynon, de Birot, Nénine, du Grand Mouëys*, de

## PRIMEUR

Le marché des vins en primeur a deux fonctions primordiales pour la place de Bordeaux. Il constitue un vecteur important pour la communication ; mais avant toute chose, il reste, pour les crus classés et assimilés de la Gironde, le moyen de porter financièrement les stocks de vins du dernier millésime qui vont être élevés durant 18 à 24 mois.

Par nature, ce marché est essentiellement professionnel (entre les propriétaires et les maisons de négoce*, par l'intermédiaire des courtiers* de la place). Il s'ouvre ensuite aux particuliers par le biais de revendeurs ou de certains négociants spécialisés. La première phase détermine la tendance du millésime, et

constitue une bonne appréciation de la demande tant au niveau national qu'international.

Le pari des acheteurs en primeur, quel que soit le millésime, est d'anticiper une hausse potentielle. Deux facteurs déterminent ce marché : la qualité des millésimes à venir et la demande internationale. Si des prévisions peuvent être faites sur le second, personne ne sait, à une année de distance, prévoir le premier. En ce sens, les millésimes à venir restent une énigme. Une seule chose est sûre : en francs constants, l'amateur a rarement perdu son pari en se portant régulièrement sur ce type d'achat.

Vignoble de Puisseguin

## Puisseguin-Saint-Émilion (A.O.C.)

Établie sur un magnifique tertre naturel, la commune de Puisseguin doit son nom à Puy, qui signifie Mont et Seguin, nom d'un lieutenant de Charlemagne qui, séduit par ce lieu stratégique, fit construire un imposant château.

C'est au cours du XVIII^e siècle que Puisseguin devient une commune essentiellement viti-vinicole. Pierre Combret de la Nauze, un pionnier de l'agronomie viticole, introduit l'usage de cépages dits nobles et met en valeur les qualités du terroir*. Son exemple est largement suivi. Dès lors, l'avenir de la commune est assuré et fait entrer Puisseguin dans la saga vinicole bordelaise.

Sis à 89 mètres d'altitude, le terroir de Puisseguin bénéficie d'une exposition à dominante sud-sud-est et d'un microclimat sec, lumineux, presque méditerranéen, ce que semble attester la présence de bon nombre de chênes verts.

Son relief accidenté aux sols argilo-calcaires, reposant sur un sous-sol pierreux, assure un bon drainage et permet à la vigne de s'enraciner profondément afin de puiser les éléments indispensables à son développement.

Près de 80 propriétés sont réparties sur cette aire d'appellation*, parmi lesquelles les châteaux Teillac, Guibeau-La Fourvieille, Roc de Bernon, Grand-Rigaud...

D'une couleur soutenue, les vins de Puisseguin-Saint-Émilion se caractérisent par leur charpente, leur force et une finesse qui leur permettent de vieillir en parfaite harmonie et de développer leur bouquet avec bonheur.

Jeunes, et après avoir été suffisamment aérés (décantés), ils peuvent être appréciés sur des mets de haut goût, qu'ils conjuguent avec talent. Mais avec le temps, à l'apogée de leur maturité, ils se révèlent alors le plus agréable des contrepoints des viandes blanches et sauces subtiles.

## Puygueraud (Ch.)

George Thienpont achète le château Puygueraud en 1946. La misère du vignoble l'oblige à arracher toutes les vignes et à les remplacer par l'élevage et la polyculture durant près de 30 ans. Les terres sont alors patiemment restructurées et régénérées. A la fin des années 1970, lorsqu'il décide de reconstituer

le vignoble, la qualité des terres lui permet d'utiliser des porte-greffes à faible rendement. Les clones sont choisis avec soin. La densité de plantation et la surface folière sont adaptées aux qualités spécifiques des sols. Enfin, les traditions et le savoir-faire acquis au Vieux Château Certan (propriété familiale) sont appliqués à tous les stades.
La vendange, exclusivement manuelle, est de nouveau triée avant l'éraflage et le foulage. La fermentation se voit conduite à haute température pour favoriser une grande concentration, tandis que la cuvaison dure trois semaines au cours desquelles sont effectués de nombreux remontages. L'élevage est dit « mixte », c'est-à-dire alternativement en cuves et en barriques* de chêne (25 % de neuves chaque année), le changement de contenant ayant lieu lors des fréquents soutirages.
Bénéficiant de l'A.O.C. Bordeaux Côtes de francs*, les vins de Puygueraud sont bien charpentés. La forte proportion de Cabernet leur apporte subtilité et élégance. Ce sont des vins de caractère et de garde que couronne un bouquet riche et complexe.

### La Rame (Ch.)

La Rame était sous la Révolution propriété du baron de Vertheuil, gouverneur de l'île d'Oléron et seigneur de la Rame. Cités parmi les crus les plus réputés et les plus anciens, il fut considéré dès le XIXe, par la place de Bordeaux, comme l'un des premiers crus de son A.O.C.. La famille Armand, présente à Sainte-Croix-du Mont* depuis plus d'un siècle, fit l'acquisition de ce cru en 1956 au moment des terribles gelées qui frappèrent le Bordelais. Conscient du potentiel du terroir*, Claude Armand consacra tous ses moyens à sa remise en état. En 1969, il pouvait enfin s'attaquer à la rénovation des chais. La Rame retrouvait progressivement sa place, et lorsqu'en 1985 Yves Armand succéda à son père, il put concentrer toute son énergie à la mise en œuvre des méthodes culturales les plus avancées, et pratiquer les sélections indispensables à l'obtention d'un grand vin.
Les vins du château La Rame, porte-drapeau de son A.O.C., se distinguent par leur bouquet délicat, une structure alliant puissance et finesse. Procurant une sensation d'harmonie et d'élégance, La Rame est sans aucun doute à l'égal des plus grands vins liquoreux.

# SAINT-ÉMILION & SAINT-ÉMILION GRAND CRU (A.O.C.)

Aussi renommée pour son architecture que pour l'excellence de ses vins, Saint-Émilion est une cité moyenâgeuse, curieuse et originale, inscrite au patrimoine mondial de l'UNESCO.

C'est un écrin de vieilles pierres, bâti de façon pittoresque sur un demi-cercle de collines face à la vallée de la Dordogne. Ses rues étroites et escarpées, ses églises romanes et gothiques, ses couvents, ses cloîtres sont autant de témoignages de son passé prestigieux.

Les principaux monuments encore visibles sont la grotte de l'ermite Saint-Émilion, qui fait face aux restes du monastère de ses disciples, les catacombes et, à côté, l'église monolithe qu'ils ont creusée.

Non loin de ces merveilles se trouvent la Tour du Roy, l'église collégiale, le Palais Cardinal, la Grande Muraille, le couvent des Cordeliers, les remparts, les fossés et les vieux murs entourant la ville.

C'est Edouard Ier, roi d'Angleterre, qui par des lettres patentes octroyées à Condat en 1289, délimita la juridiction de Saint-Émilion, composée de neuf paroisses, et qui couvre aujourd'hui les huit communes suivantes : Saint-

Saint-Émilion, le Cloître

Émilion, Saint-Étienne-de-Lisse, Saint-Christophe-des-Bardes, Saint-Sulpice-de-Faleyrens, Saint-Laurent-des-Combes, Saint-Pey-d'Armens Saint-Hippolyte, Vignonet. Plus de 800 crus peuvent revendiquer pour les vins produits dans cette même aire deux A.O.C. : Saint-Émilion et Saint-Émilion grand cru. La seconde a des conditions de production et d'agrément beaucoup plus strictes que la première. Les termes de Grand Cru Classé et de Premier Grand Cru Classé sont des mentions dont l'utilisation est réservée aux exploitations ayant fait l'objet d'un classement officiel homologué et dont les vins satisfont aux conditions de production fixées pour l'appellation Saint-Émilion grand cru. Louis XIV compara les vins de Saint-Émilion au nectar des dieux. Malgré une grande diversité des sols, on peut distinguer trois ou quatre types de vins, les crus classés se situant dans les trois premiers :

- ceux du tertre et des côtes sont corsés et longs à se faire, les châteaux, Ausone, Bélair*, Beau Séjour Bécot, La Couspaude y sont situés ;
- ceux produits dans la partie nord-ouest, dont le vignoble est établi sur des graves et des sables, sont un peu moins corsés, mais leur bouquet est plus léger et plus fin, rappelant celui de la région voisine de Pomerol*. Parmi eux se détachent Cheval-Blanc* et Figeac.
- ceux des bas de pentes exposées au sud, ainsi que ceux de la terrasse sableuse et argileuse, sont un peu moins corsés, plus légers, mais avec un bouquet développé. On y trouve parmi tant d'autres le château Larmande ;
- ceux des sables plus récents des terrasses descendant vers les plaines de la Dordogne sont fins, coulants, assez bouquetés et peuvent être appréciés dans leur jeunesse. Ils bénéficient généralement de l'A.O.C. Saint-Émilion. Cependant, certains d'entre eux, provenant de vignobles particulièrement bien situés, peuvent atteindre une qualité leur permettant d'obtenir régulièrement l'appellation Saint-Émilion grand cru.

Moulin à Saint-Estèphe

## Saint-Estèphe (A.O.C.)

La commune de Saint-Estèphe est une des plus septentrionales de la région du Haut-Médoc*; elle jouit d'une situation exceptionnelle en bordure de la Gironde, que l'on aperçoit du haut de la plupart des croupes qui la composent.

La première activité connue de cette commune remonte à l'âge du bronze moyen. Ses premières vignes datent de l'occupation romaine. Comme pour les principales communes viticoles privilégiées du Médoc*, ce sont les négociants bordelais qui, élevant et vendant eux-mêmes les vins issus de cette commune, ont contribué à la renommée de l'appellation. Les XVIII$^{e}$ et XIX$^{e}$ siècles virent la création des grandes propriétés. De nos jours encore, ce mouvement se poursuit par le regroupement des petites et moyennes exploitations.

Par leur modelé accidenté, les croupes graveleuses, assez élevées, composées de quartz et cailloux roulés, mêlés à une terre légère et sableuse, bénéficient d'un excellent drainage naturel, renforcé au sud par le chenal de Saint-Vincent, qui conduit à l'estuaire les eaux du marais de Lafite, et au nord par le canal de Mappon, qui conduit également les eaux du marais de Vertheuil.

Dans cette commune, nous trouvons : 5 crus du classement de 1855, dont les châteaux Montrose* et Cos Labory, un grand nombre de crus Bourgeois, dont Phélan Ségur, Ségur de Cabanac, Haut-Marbuzet*, les Ormes de Pez…

Parmi les vins du Médoc*, les vins de l'appellation Saint-Estèphe sont sans doute ceux qui possèdent une typicité des plus marquées : charpente robuste n'excluant pas une certaine finesse, une structure tannique ample s'alliant harmonieusement à une richesse aromatique caractérisée par des notes de fruits rouges et d'épices. L'étendue de cette A.O.C. et la diversité de la nature des sols et sous-sols permettent une variété insigne des vins qui en sont issus. De par leur constitution robuste, ces vins demandent à être attendus pour être pleinement appréciés.

## Saint-Georges-Saint-Emilion (A.O.C.)

L'ancienne commune de Saint-Georges connut une longue histoire avant d'être rattachée à celle de Montagne en 1973. Le site exceptionnel bénéficie d'un magnifique panorama. De nombreuses maisons anciennes, très attachantes, plusieurs

anciens moulins à eau et quelques monuments sont à voir. En 1843, des fouilles mirent à jour, près du château Saint-André, de magnifiques vestiges gallo-romains. L'église est de style roman primitif avec des sculptures naïves et des parties carolingiennes du IX$^{e}$ siècle. Au Moyen Âge, Saint-Georges était une baronnie possédant son château, place forte avancée dépendant du duché d'Albret. Le château a été transformé en 1773 par l'architecte Louis en un magnifique château Louis XVI parfaitement sauvegardé. En plus de ce cru nous citerons les châteaux Calon et Tour du Pas Saint-Georges.

L'aire d'appellation* Saint-Georges-Saint-Émilion est délimitée, au sud par le ruisseau de la Barbanne qui la sépare de Saint-Émilion*, et de tous les autres côtés par l'A.O.C. Montagne-Saint-Émilion*.

Les Saint-Georges-Saint-Émilion sont très colorés et revêtent une robe pourpre dense et profonde. Jeunes, ils sont très fruités et deviennent de plus en plus complexes avec l'âge. Ils possèdent une charpente très développée, enveloppée par beaucoup de volume et de gras en bouche. Leurs tanins* sont très veloutés.

Château Talbot, Cru Classé en 1855

## Saint-Julien (A.O.C.)

L'existence de la paroisse de Saint-Julien remonterait au VII$^{e}$ siècle pour certains auteurs, pour d'autres au XIII$^{e}$ siècle. Elle faisait partie de l'archiprêtré de Moulis.

Connue sous le nom de Saint-Julien-de-Reignac, c'est au cours de la première moitié du XX$^{e}$ siècle que cette commune prend celui de Saint-Julien-Beychevelle, associant ainsi le nom du petit port et hameau qui contribua, par son activité, à sa renommée viti-vinicole. Durant le XVII$^{e}$ siècle, quelques aristocrates et propriétaires avisés découvrent les qualités viticoles exceptionnelles de ce terroir*.

Cette commune, pratiquement au centre du Haut-Médoc*, est séparée de Cussac, au sud, par une zone marécageuse due à la présence de deux ruisseaux venant de la région de Saint-Laurent : les marais de Beychevelle auxquels fait suite la jolie croupe graveleuse de Beychevelle, puis vers le nord-ouest la croupe de Saint-Julien, séparée de Pauillac* par le ruisseau de Juillac.

Ce qui distingue Saint-Julien, c'est la grande homogénéité de sa partie viticole sise au centre de la commune.

Cette partie forme un rectangle d'environ 5 km de long sur 3,5 km de large. Elle est composée de croupes de graves garonnaises du quaternaire ancien. À l'ouest, ces graves deviennent de plus en plus siliceuses à mesure que l'on approche de la forêt.

Ainsi, par sa topographie et sa pédologie, le terroir* de Saint-Julien est très bien drainé et convient parfaitement à la culture de la vigne.

De ce fait, il ne faut pas s'étonner de trouver dans cette appellation communale, cinq Seconds crus de 1855, dont Léoville Las-Cases et Ducru Beaucaillou*, et 6 autres crus classés dont les châteaux Beychevelle*, Talbot, ect. Ces onze crus représentent environ 80 % de la production de Saint-Julien ! Les châteaux Moulin de la Rose, de la Bridane, Gloria font partis des crus Bourgeois qui honorent aussi cette A.O.C..

Saint-Julien-Beychevelle est la première commune de la Gironde à avoir soumis les vins, dès 1973, à une épreuve de dégustation* permettant l'obtention d'un certificat d'agréage.

Les vins de l'A.O.C. Saint-Julien sont remarquables par leur belle couleur, leur corps, une grande richesse de sève et surtout par leur bouquet caractéristique, suave, harmonieux, d'une exquise finesse.

Certains disent qu'ils tiennent en quelque sorte le milieu entre le caractère des vins de Margaux et celui des vins de Pauillac ; cela est sans doute exact et dépend surtout de la nature du sous-sol. Comme tous les grands vins du Médoc, ce sont des vins qui peuvent vieillir longtemps. Leurs qualités n'en sont que plus appréciées.

## Sainte-Croix-du-Mont (A.O.C.)

Un site pittoresque et un terroir* exceptionnel pour la production de grands vins blancs liquoreux. Rien de plus attrayant pour le visiteur que de parcourir cette aire privilégiée d'où sortiront ces incomparables vins qui, chacun avec ses qualités particulières, font la gloire et la richesse de cette contrée viticole.
Le vignoble de Sainte-Croix-du-Mont est constitué par un ensemble très homogène qui s'étend sur les coteaux aux pentes souvent abruptes. La nature du sol, son encépagement, une vendange et une vinification analogues à celles de Sauternes, permettent de produire, le climat aidant, un vin liquoreux de premier ordre.
Le Sainte-Croix-du-Mont possède un moelleux, un fruité, une sève et une élégance susceptibles de donner satisfaction aux palais les plus exigeants et les plus délicats. Bien entendu, la qualité varie selon les soins apportés à la culture et surtout à la vendange et à la vinification. Comme tous les vins liquoreux, leur bouquet et leur saveur s'enrichissent en vieillissant. L'amateur découvrira avec plaisirs les productions des châteaux La Rame*, Bel Air, des Mailles, ect.
Actuellement, les vins rouges produits dans l'aire d'appellation* Sainte-Croix-du-Mont ne peuvent bénéficier que des A.O.C. Bordeaux supérieur* ou Bordeaux*, bien qu'elle soit enclavée dans l'aire d'appellation Premières Côtes de Bordeaux*.

Sainte-Croix-du-Mont

## SAINTE-FOY-BORDEAUX (A.O.C.)

Sainte-Foy-La-Grande est une ancienne bastide, fondée en 1255 par Alphonse de Poitiers, frère de Saint-Louis, pour protéger ses habitants des invasions incessantes des Anglais. Bien que Sainte-Foy-La-Grande ne produise pas une seule goutte de vin, c'est elle qui a donné son nom à cette appellation. Il est vrai que, sise en bordure de la Dordogne, elle permettait le transit de nombreuses marchandises, dont le vin issu des environs de l'arrière-pays.

Compte tenu de l'encépagement et des conditions de production (plus strictes qu'en A.O.C. Bordeaux*), il faut remarquer que la plupart des viticulteurs préfèrent déclarer leurs vins en A.O.C. Bordeaux.

Toutefois, quelques propriétaires cherchent à faire revivre l'A.O.C. Sainte-Foy-Bordeaux. Ainsi, le Syndicat viticole a

créé une charte de qualité par laquelle les vignerons de cette A.O.C. s'engagent à sélectionner les meilleures parcelles, à pratiquer une culture raisonnée respectant la vigne et son environnement, à vendanger des raisins sains à parfaite maturité, à respecter les conseils de vinification propres à cette A.O.C. Parmi ces propriétaires, citons ceux des châteaux l'Enclos, de Vacques et Hostens-Picant.
Corsés ou souples, avec un nez complexe de baies rouges, de sous-bois et de cuir, les vins rouges peuvent être de bons vins de garde ou bus jeunes sur leur fruit. Leur structure tannique et harmonieuse leur permet un vieillissement heureux en barrique*.
Les blancs secs ou moelleux présentent des arômes floraux et épicés.

# SAUTERNES (A.O.C.)

L'aire géographique de l'A.O.C. Sauternes comprend cinq communes : Sauternes, Fargues, Bommes, Preignac et Barsac*.

C'est la région qui produit le nectar précieux connu dans le monde entier sous le nom de vin de Sauternes, considéré par de nombreux amateurs comme le premier vin blanc du monde, et dont le fleuron est le château d'Yquem* qui, en 1855, a été le seul, parmi les crus de la Gironde, à recevoir le titre de Premier Cru Supérieur.

Cette région viticole est, comme celle de Cérons*, incluse dans le sud de la région des Graves*.

À l'ouest, elle est séparée de la région des Graves* par la verte et agréable vallée du Ciron, qui constitue la limite des communes de Sauternes, Bommes et Preignac, tandis qu'au nord elle sépare cette dernière de Barsac.

La variété du sol et du sous-sol donne un caractère particulier au vin produit. Cela permet de comprendre les nuances qui existent entre les vins des divers crus.

La vendange est effectuée en plusieurs tries successives, au fur et à mesure que les raisins sont envahis par la fameuse pourriture noble. Cette pourriture est due à un champignon, le *botrytis cinerea**.

Outre le choix judicieux des cépages, ce sont les soins minutieux apportés à la vendange et à la vinification, et surtout la nature et le climat de cette région privilégiée, qui ont toujours valu à ses produits cette couleur limpide et merveilleuse, ce parfum particulier, ce moelleux et cette sève spéciale, unique, incomparable, qui font du vin de Sauternes plus que du vin, une liqueur, une essence, un nectar, que l'on ne peut comparer à rien, sinon à d'autres vins de Sauternes.

Quelles que soient leur importance et leur notoriété, les crus sont entretenus avec soin afin de recueillir, lors de la récolte – et malgré les caprices de la nature –, les raisins parfaitement sains et botrytisés, condition indispensable à l'obtention de moûts concentrés et riches.

Actuellement, on dénombre dans le Sauternais 27 Crus Classés en 1855 dont 10 sont situés sur la commune de Barsac. Un Premier Cru Supérieur le château d'Yquem*, onze Premiers parmi lesquels, les châteaux Guiraud*, La Tour Blanche, et quinze Seconds. D'autres crus réalisent des

vins de grande qualité, tels les châteaux de Fargues, Raymond-Lafon, Haut-Bergeron et Saint-Amand.

Les vins, malgré leur diversité due aux terroirs* et aux hommes, se caractérisent par une belle couleur vieil or, une suavité, une rondeur, une puissance tranquille, un caractère de rôti exceptionnel. Leurs arômes évoquent à la fois les agrumes, l'acacia et l'abricot dans une symphonie complexe.

Très liquoreux, riches en glycérol et autres corps sucrés, ils font facilement et abondamment la jambe sur les parois du verre. Ils constituent l'idéal du vin blanc liquoreux ou sont, comme l'a dit un poète, l'extravagance du parfait.

Ce sont des vins que l'on doit oublier et laisser vieillir : au fil des ans, ils acquièrent une onctuosité, une race et un corps très particulier à nul autre pareil. Cependant, ils peuvent être appréciés dans leur jeunesse (minimum 3 ans) pour leur fruité, leur vivacité et leur tonus.

Les grands vins liquoreux peuvent être dégustés et appréciés pour eux-mêmes, seuls, en apéritif ou par simple gourmandise. Mais, contrairement à une idée répandue, les vins liquoreux, et particulièrement les Sauternes, peuvent accompagner tout un repas.

Ils s'accordent à de nombreux mets : foie gras, poissons fins, sauces au beurre ou à la crème, volailles ou autres viandes blanches cuisinées, fromages à pâte persillée ou à pâte levée et certains desserts pas trop sucrés.

Château du Seuil

## Seuil (Ch. du)

Le château du Seuil datant du XVIIIe siècle est une des plus belles résidences de Cérons*. Sa situation exceptionnelle, en bord de Garonne, en fait un site des plus agréables. Les vignes sises sur l'emplacement privilégié qu'est le plateau de Larrouquey, bénéficient d'un sol graveleux ou silico-argilo-calcaire sur fond de roches et produisent des vins de Graves* d'excellente qualité, régulièrement récompensés lors de divers concours.

Ce cru fut acquis, en 1988, par M. et Mme Robert Watts et leur fille, qui apportent les plus grands soins à la remise en état et au développement de ce vignoble qui est actuellement de 12 hectares (4 ha de vignes blanches).

Dans le même souci de qualité, le cuvier a été entièrement équipé de cuves inox avec un système de maîtrise des températures de vinification. Il est complété par un chai pouvant contenir 250 barriques* où s'affinent les vins. La vinification des vins blancs secs et liquoreux s'effectue en barriques neuves.

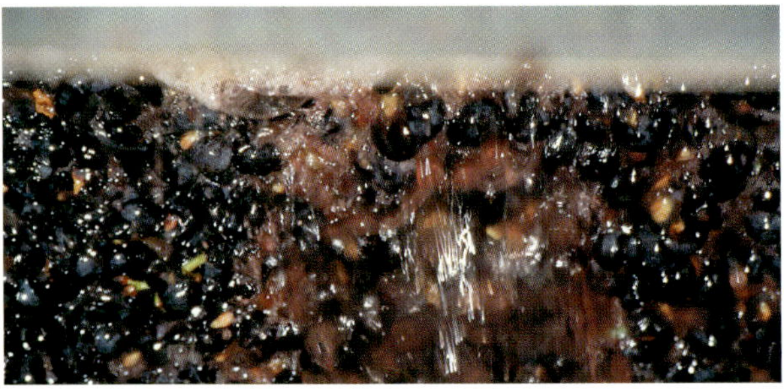

Moût

Plan de la ville de Bordeaux en 1550 ; Abbé Patrice-John O'Reilly, XIX^e siècle.

## TERROIR

L'une des notions les plus complexes, qui est trop souvent réduite à son aspect géologique. Le terroir comprend non seulement les sols et sous-sols d'un cru* ou d'une A.O.C., mais aussi le climat, les méthodes de production, l'histoire et les us et coutumes qui ont conduit à la création du cru ou de l'aire d'appellation*.

## Tanin (ou tannin)

Groupe de produits organiques qui existent dans les pépins, la peau et la rafle du raisin. Il contribue au vieillissement* des vins rouges qui sont plus riches en tanin que les vins blancs.

## TONNEAU

Unité de mesure traditionnelle en Bordelais pour chiffrer les transactions. Un tonneau correspond à quatre barriques* bordelaises soit 900 litres, 1 200 bouteilles ou encore 100 caisses.

## Tour Haut-Caussan (Ch.)

Le château Tour Haut-Caussan possède un excellent vignoble, d'une superficie d'environ 17 hectares, complanté en cépages fins : moitié en Cabernet, et moitié en Merlot et Malbec.

Il produit une moyenne de 100 000 bouteilles d'A.O.C. Médoc* dont la moitié est vendue en France à une clientèle particulièrement assidue, et l'autre moitié à l'exportation.

La moitié de ce vignoble se trouve sur les pentes et le sommet d'un coteau situé à proximité du village de Caussan. Le sol, pierreux au sommet et graveleux vers le bas des côtes, est très favorable à la culture de la vigne. L'autre moitié se trouve à Potensac, sur des graves.

Le propriétaire actuel apporte lui-même le plus grand soin à la tenue irréprochable de son vignoble et à la vinification de ses produits. M. Philippe Courrian s'attache particulièrement à suivre l'évolution de ses vins, dont le vieillissement* s'effectue en barriques* (1/3 en bois neuf), pendant une période plus ou moins longue (12 à 24 mois) selon le caractère et la tenue du millésime.

## Tourisme

La Gironde accueille par an plus de 4 millions de visiteurs qui viennent profiter de 125 kilomètres de plages de sable, de 450 000 hectares de forêt, d'autant ou presque de plans

Vue du port de Bordeaux au XIX$^{e}$ siècle

d'eaux et de 115 000 hectares de vignes mais sous une forme différente. Le touriste, sur les pas de François Mauriac à Malagar, ou sur ceux de Montesquieu dans la région des graves*, trouve pratiquement dans chaque commune de Gironde un site, un cru* à visiter. A chaque étape il prend ainsi conscience que le vin n'est pas un produit comme un autre, mais un élément à part entière de notre culture.

Domaine de Malagar.

Chai du château Poujeaux

## Union des Grands Crus

Cette association regroupe plus d'une centaine de crus du Médoc*, des Graves*, de Saint-Émilion*, de Pomerol*, de Sauternes* et Barsac*. Ces crus*, classés ou non, se sont cooptés pour mener ensemble des actions de promotion. La Charte de l'Union, dont nous donnons un extrait, explicite la philosophie qui anime ses mem-bres :« Un grand cru de l'Union est situé sur un terroir* particulier, limité et original, apte à produire un grand vin hautement personnalisé, associant une très grande finesse à une aptitude exceptionnelle au vieillissement*.

À ce terroir sont attachées des installations de cuviers et des chais permettant la vinification et l'élevage traditionnel des vins sous la responsabilité du Maître du Domaine.

Un grand cru de l'Union doit disposer des moyens d'accueil suffisants pour respecter les traditions de réception et d'hospitalité attachées à la notion de château viticole en Bordelais.

Le nom de cru a été consacré par l'histoire et il ne peut être dissocié de son terroir* : il est garanti par les marques et étampes figurant sur les caisses, les bouchons, les capsules et les étiquettes. »

## Vieillissement

La question du vieillissement demeure pour nombre d'amateurs une énigme. Autrefois, les conditions de vie permettaient de boire et de savourer des vins vieux. Pour ce faire les viticulteurs produisaient alors des vins durs, tanniques, colorés et qui, jeunes, étaient pratiquement imbuvables.

Actuellement, l'absence de caves dignes de ce nom, le poids financier que constituent les achats à long terme et aussi la mode font que les consommateurs préfèrent des vins jeunes, bien que les vieilles bouteilles aient encore de nombreux adeptes.

Quoiqu'il en soit, les viticulteurs ont été amenés à produire des vins plus souples, buvables au bout de quelques années seulement et susceptibles, malgré tout, de tenir un certain temps. Ils y sont parvenus en privilégiant certaines proportions d'encépagement et en modifiant les techniques de vinification. Chacun peut donc légitiment s'interroger sur le moment optimum de dégustation*. Comme celui-ci dépend intrinsèquement du goût de chaque dégustateur, la seule solution est d'acheter en quantité suffisante le même vin de façon à le « taster » de façon régulière pour connaître son

Chai à bouteilles.

## VIEUX CHÂTEAU GAUBERT

Originaire de Portets, la famille Gaubert fait fortune au cours du XVIII^e siècle dans le commerce et l'armement de navires. Vers 1796, le négociant Gaubert souhaite agrandir sa maison champêtre et en faire une importante exploitation viticole. Il en confie les travaux à l'architecte Gabriel Durand, collaborateur de Victor Louis, qui dirigea la construction du Grand Théâtre de Bordeaux. Durand conserve la construction originelle – également du XVIII^e siècle –, l'agrandit et aménage un parc dans lequel il édifie un vaste ensemble de dépendances destinées à assurer la marche du domaine.

Située au centre de Portets, cette demeure aurait pu disparaître sous la pioche des démolisseurs-lotisseurs. Heureusement pour la commune et la région des Graves, son classement à l'Inventaire supplémentaire des Monuments Historiques et son rachat par Dominique Haverlan ont permis la sauvegarde de cet édifice et la remise en état du vignoble. Après avoir mené de sérieuses études d'œnologie, Dominique Haverlan, fils de viticulteur et viticulteur lui-même, crée en 1981, au sein de l'exploitation familiale, son propre vignoble. A cette fin, il achète, loue, regroupe et plante diverses parcelles dont la superficie actuelle avoisine une vingtaine d'hectares, sur Portets et Beautiran.

En 1983, les installations familiales n'étant pas assez importantes, il transfère son matériel de vinification dans les magnifiques chais d'une ancienne propriété viticole et constitue un chai de vieillissement* en fûts qui lui permet, grâce à un élevage de qualité, de donner des lettres de noblesse à sa production. Enfin en 1988, l'acquisition de Vieux Château Gaubert et sa remise en état donne à cette exploitation une image de marque en totale harmonie avec les vins qui en sont issus.

Ainsi, par leurs styles et leurs qualités, les vins rouges au nez intense, charnus, riches, et les vins blancs au nez puissant, amples, veloutés et fruités, s'affirment parmi les plus représentatifs de l'A.O.C. Graves*.

## Yquem (Ch. d')

Ch. d'Yquem, 1er Cru Supérieur Classé en 1855

Ce cru était, depuis le XVIe siècle, la propriété d'une même famille bazadaise. Yquem fut apporté, par mariage, en 1785 à la famille Lur-Saluces. Depuis 1968, le comte Alexandre de Lur-Saluces est à la tête du domaine. Après le mariage de Louis-Amédée, en 1785, avec « très haute et très puissante dame Joséphine », il représente la sixième génération de Lur Saluces à assumer le destin de ce domaine d'Yquem que la nature a voulu grand et que la famille a su rendre exemplaire.

Le domaine d'Yquem comprend 188 hectares, dont 113 cultivés en vignes, 106 hectares normalement en production. La qualité exceptionnelle des vins d'Yquem est due à la nature propre du sol qui, reposant souvent sur argile, a dû être drainé, à l'admirable exposition des coteaux du domaine, à la sévère sélection des cépages et aux soins minutieux qui président à la culture, à la vendange et à la vinification. C'est actuellement une des propriétés du Sauternais sur laquelle sont appliquées avec le plus de rigueur les diverses dispositions et mesures : l'encépagement est composé de 80 % de Sémillon et de 20 % de Sauvignon (la Muscadelle ayant été volontairement supprimée) ; la taille est uniquement à cot (3 cots à 2 yeux). L'effeuillage est pratiqué avec beaucoup de soins et les vendanges effectuées avec énormément de minutie, si bien que l'on a pu dire que ce sont elles qui constituent le grand secret d'Yquem. La vinification fait également l'objet de soins minutieux : le moût obtenu est toujours mis à fermenter dans des barriques* de chêne neuves qu'il ne quittera que pour les soutirages et la mise en bouteilles, qui aura lieu généralement au mois de février ou de mars de la quatrième année suivant celle des vendanges. Seule la partie de la récolte jugée parfaite sera mise en bouteilles sous la marque de château d'Yquem et certaines années, la récolte entière sera déclassée, comme par exemple en 1964, 1972, 1974 et 1992.

C'est cette attention constante et tous les soins pris pour assurer la qualité du vin qui ont permis à Yquem, lors du classement de 1855, d'être classé le premier parmi les premiers, puisqu'il est le seul ayant le rang de Premier Cru Supérieur. Aujourd'hui, il est toujours le premier des grands vins de Sauternes*, le premier des vins blancs du monde.En moyenne, le rendement à Yquem est d'un verre de vin par pied de vigne et par an, soit une moyenne d'environ 95 000 bouteilles annuelles. Certaines années, la propriété sélectionne, en petite quantité, un vin blanc sec comportant 50% de sauvillon et 50% de sémillon : l'Y grec, qui rappelle son grand frère l'Yquem.

Depuis le mois d'avril 1999, la société L.V.M.H. détient 64 % du capital de la S.C. du château d'Yquem.

## CHÂTEAUX

**• Château Bélair**
33330 Saint-Émilion
05 57 24 70 94

**• Château Belgrave**
Groupe C.V.B.G.
35 rue de Bordeaux
33290 Parempuyre
05 56 35 53 00

**• Château Beychevelle**
33250 Saint-Julien
05 56 73 20 70

**• Château Bonnet**
33420 Grézillac
05 57 25 58 58

**• Château Closiot**
Closiot
33720 Barsac
05 56 27 05 92

**• Château Côte Montpezat**
8 Brousse
B.P. 42
33350 Belvès-de-Castillon
05 57 56 05 55

**• Château Ducru-Beaucaillou**
J.E Borie S.A.
33250 Saint-Julien-Beychevelle
05 56 59 05 20

**• Château Haut-Brion**
133 avenue Jean Jaurès
33600 Pessac
05 56 00 29 30

**• Château Haut-Marbuzet**
33250 Saint-Estèphe
05 56 59 30 54

**• Château Latour**
33250 Pauillac
05 56 73 19 80

**• Château d'Escurac**
33340 Civrac-en-Médoc
05 56 41 50 81

**• Château Grand Mouëys**
S.C.A. Les Trois Collines
33550 Capian
05 57 97 04 44

**• Château Guiraud**
33210 Sauternes
05 56 76 61 01

**• Château Latour Martillac**
33650 Martillac
05 57 97 71 11

**• Château Maison Blanche**
33570 Montagne
05 57 74 62 18

**• Château Margaux**
33460 Margaux
05 57 88 83 83

**• Château Mondésir Gazin**
33390 Plassac
05 57 42 29 80

**• Château Montrose**
33180 Saint-Estèphe
05 56 59 30 12

**• Château Moulin Haut-Laroque**
33141 Saillans
05 57 84 32 07

**• Château Mouton Rothschild**
33250 Pauillac
05 56 59 22 22

**• Château Nodoz**
33710 Tauriac
05 57 68 41 03

**• Château Poujeaux**
33480 Moulis-en-Médoc
05 56 58 02 96

**• Château Puygueraud**
33570 Saint-Cibard
05 57 56 07 47

**• Château La Rame**
33410 Sainte-Croix-du-Mont
05 56 62 01 50

**• Château du Seuil**
33720 Cérons
05 56 27 11 56

**• Château Tour Haut-Caussan**
33340 Blaignan
05 56 09 00 77

**• Vieux château Gaubert**
33640 Portets
05 56 67 52 76

**• Château d'Yquem**
33210 Sauternes
05 57 98 07 07

## NÉGOCIANTS & CAVISTES

**• Bordeaux Magnum**
3 rue Gobineau
33000 Bordeaux
05 56 48 00 06

# ADRESSES

**• Nicolas Despagne & Cie**
67 avenue Charles de Gaulle
B.P. 1
33350 Sainte-Terre
05 57 47 16 80

**• Maison F. Dubecq - MFD**
32 rue La Mothe
33800 Bordeaux
05 56 92 09 16

**• Jolliot-Paulin**
1 et 3 rue Guadet
33000 Bordeaux
05 57 87 33 20

**• Millésima**
87 quai de Paludate
B.P. 89
33038 Bordeaux Cedex
05 57 80 88 08

**• Maison Michel Querre S.A.**
21 rue André Loiseau
B.P. 51
33330 Saint-Émilion
05 57 55 51 60

**• La Vinothèque de Bordeaux**
8 cours du XXX Juillet
33000 Bordeaux
05 56 52 32 05

ORGANISMES

**• Académie des Vins de Bordeaux**
1 cours du XXX Juillet
33000 Bordeaux
05 56 00 21 95

**• C.I.V.B**
1 cours du XXX Juillet
33000 Bordeaux
05 56 00 22 66

**• Éditions Féret**
21 avenue Henri Becquerel
B.P. 74
33703 Mérignac cedex
05 56 13 79 95

**• Fédération des Grands Vins de Bordeaux**
1 cours du XXX Juillet
33000 Bordeaux
05 56 00 22 99

**• Syndicat des négociants en Vins et Spiritueux de Bordeaux**
1 cours du XXX Juillet
33000 Bordeaux
05 56 00 22 90

**• Union des Grands Crus de Bordeaux**
10 cours du XXX Juillet
33000 Bordeaux
05 56 51 91 91

# LES MILLÉSIMES

*Nous indiquons les grandes tendances de la qualité des millésimes disponibles à Bordeaux.*

| | |
|---|---|
| Vins rouges | Excellents : 1985 - 1989 - 1990<br>Très bons : 1986 - 1988 - 1995 - 1996 - 1998<br>Moyens : 1987 - 1994 - 1997<br>Corrects à faibles : 1991 - 1992 - 1993 |
| Vins blancs | Vins secs:<br>Excellents : 1985 - 1989 -1994 - 1995 - 1996 - 1998<br>Bons : 1986 - 1987 - 1988 - 1990 -1993 - 1997<br>Avares : 1991 -1992 |
| Vins moelleux | Excellents : 1988 - 1989 - 1990 (les trois glorieuses) - 1995 - 1996<br>Très Bons : 1986 - 1997 -1998<br>Bons : 1985 - 1991 - 1994<br>Avares : 1987 - 1992 - 1993 |

CHÂTEAU
LE HAUT BRION
Grand Cru classé
1959
SOCIÉTÉ CIVILE DES DOMAINES WOLTNER
PROPRIÉTAIRE
BORDEAUX
FRANCE
MIS EN BOUTEILLE AU CHÂTEAU

# TABLEAU DES CRUS CLASSÉS DES GRAVES ET LEURS PROPRIETAIRES

| COMMUNES | NOM DU CRU CLASSÉ | VIN CLASSÉ | NOMS ACTUELS DES PROPRIÉTAIRES |
|---|---|---|---|
| Cadaujac | Château Bouscaut | en rouge et en blanc | S.A. du château Bouscaut |
| Léognan | Château Carbonnieux | en rouge et en blanc | S.C.A. des Grandes Graves |
| Léognan | Domaine de Chevalier | en rouge et en blanc | S.C. du Domaine de Chevalier |
| Villenave-d'Ornon | Château Couhins | en blanc | I..N.R.A. - Ministère de l'Agriculture |
| Villenave-d'Ornon | Château Couhins-Lurton | en blanc | André Lurton |
| Léognan | Château Fieuzal | en rouge | S.A. du château Fieuzal |
| Léognan | Château Haut-Bailly | en rouge | Robert G. Wilmers |
| Pessac | Château Haut-Brion | en rouge | Domaine Clarence Dillon S.A. |
| Talence | Château Laville Haut Brion | en blanc | Domaine Clarence Dillon S.A. |
| Léognan | Château Malartic-Lagravière | en rouge et en blanc | S.C. du Château Malartic-Lagravière |
| Talence | Château La Mission-Haut-Brion | en rouge | Domaine Clarence Dillon S.A. |
| Léognan | Château Olivier | en rouge et en blanc | Famille de Bethmann |
| Pessac | Château Pape Clément | en rouge | S.A.R.L. Montagne et Cie |
| Martillac | Château Smith-Haut-Lafitte | en rouge | Florence et Daniel Cathiard |
| Talence | Château La Tour-Haut-Brion | en rouge | Domaine Clarence Dillon S.A. |
| Martillac | Château La Tour Martillac | en rouge et en blanc | G.F.A. Kressmann |

# CLASSEMENT DES CRUS DE SAINT-ÉMILION

## PREMIERS GRANDS CRUS CLASSÉS (1996)

| NOMS DES CRUS | NOMS DES ACTUELS PROPRIÉTAIRES | COMMUNES | NATURE DOMINANTE DES SOLS |
|---|---|---|---|
| A | | | |
| Château Ausone | Famille Vauthier | Saint-Émilion | Côte et plateau |
| Château Cheval-Blanc | Messieurs Arnaud et Frère | Saint-Émilion | Graves et sables anciens |
| B | | | |
| Château Angélus | Messrs. de Boüard de Laforest | Saint-Émilion | Pied de côte, sables anciens |
| Château Beau-Séjour (Bécot) | G.F.A. Beau-Séjour | Saint-Émilion | Côte et plateau |
| Château Beauséjour | Héritiers Duffau-Lagarosse | Saint-Émilion | Côte |
| Château Bélair | Mme J. Dubois-Challon | Saint-Émilion | Côte et plateau |
| Château Canon | S.C. du Ch. Canon | Saint-Émilion | Côte et plateau |
| Château Figeac | M et Mme T. Manoncourt | Saint-Émilion | Graves et sables anciens |
| Clos Fourtet | MM. Lurton Brothers and Sister | Saint-Émilion | Plateau et sables anciens |
| Château La Gaffelière | Comte de Malet-Roquefort | Saint-Émilion | Côte, pied de côte |
| Château Magdelaine | Ets Jean-Pierre Moueix | Saint-Émilion | Plateau, côte et pied de côte |
| Château Pavie | M. et Mme Perse | Saint-Émilion | Côte et plateau |
| Château Trottevieille | Héritiers Castéja | Saint-Émilion | Plateau |

## GRANDS CRUS CLASSÉS (1996)

| NOMS DES CRUS | NOMS DES ACTUELS PROPRIÉTAIRES | COMMUNES | NATURE DOMINANTE DES SOLS |
|---|---|---|---|
| Ch. L'Arrosée | G.F.A. du Ch. L'Arrosée | Saint-Émilion | Côte |
| Ch. Balestard-La-Tonnelle | G.F.A. Capdemourlin | Saint-Émilion | Plateau |
| Ch. Bellevue | S.C. du Ch. Bellevue | Saint-Émilion | Côte et plateau |
| Château Bergat | Héritiers Castéja | Saint-Émilion | Côte et plateau |
| Ch. Berliquet | Vicomte et Vicomtesse Patrick de Lesquen | Saint-Émilion | Plateau et côte |
| Ch. Cadet-Bon | S.C. Ch. Cadet-Bon | Saint-Émilion | Plateau et côte |
| Ch. Cadet-Piola | G.F.A. Jabiol | Saint-Émilion | Plateau et côte |
| Ch. Canon-La Gaffelière | Comtes von Neipperg | Saint-Émilion | Pied de côte |
| Château Cap de Mourlin | G.F.A. Capdemourlin | Saint-Émilion | Côtes et sables anciens |
| Ch. Chauvin | Béatrice Ondet et Marie-France Fevrier | Saint-Émilion | Sables anciens |
| Ch. La Clotte | Héritiers Chailleau | Saint-Émilion | Côte |
| Ch. La Clusière | M. et Mme Perse | Saint-Émilion | Côte |
| Château Corbin | S.C. des Domaines Giraud | Saint-Émilion | Sables anciens |
| Château Corbin-Michotte | M. Jean-Noël Boidron | Saint-Émilion | Sables anciens |
| Château la Couspaude | G.F.A. la Couspaude | Saint-Émilion | Plateau |
| Couvent des Jacobins | Joinaud-Borde | Saint-Émilion | Sables anciens |
| Ch. Curé-Bon | S.C. du Ch. Curé-Bon | Saint-Émilion | Plateau et côte |
| Ch. Dassault | S.A.R.L. du Ch. Dassault | Saint-Émilion | Sables anciens |
| Château La Dominique | M. Clément Fayat | Saint-Émilion | Sables anciens et graves |
| Ch. Faurie-de-Souchard | G.F.A. Jabiol-Sciard | Saint-Émilion | Pied de côte |

## GRANDS CRUS CLASSÉS (1996)

| NOMS DES CRUS | NOMS DES ACTUELS PROPRIÉTAIRES | COMMUNES | NATURE DOMINANTE DES SOLS |
|---|---|---|---|
| Ch. Fonplégade | Armand Moueix | Saint-Émilion | Côte |
| Ch. Fonroque | G.F.A. du Ch. Fonroque ; J.A. et J.J. Moueix | Saint-Émilion | Côte et sables anciens |
| Château Franc-Mayne | Axa Millésimes | Saint-Émilion | Côte |
| Ch. les Grandes Murailles | Société des Grandes Murailles | Saint-Émilion | Côte et sables anciens |
| Ch. Grand-Mayne | M. Jean-Pierre Nony | Saint-Émilion | Côte et sables anciens |
| Ch. Grand-Pontet | S.A. du Ch. Grand-Pontet | Saint-Émilion | Côte et sables anciens |
| Ch. Guadet-Saint-Julien | M. Robert Lignac | Saint-Émilion | Plateau |
| Ch. Haut-Corbin | S.C.A. Haut-Corbin | Saint-Émilion | Sables anciens |
| Château Haut Sarpe | M. J. Janoueix | St-Ch.-des-Bardes | Plateau et côte |
| Château Clos des Jacobins | Domaines Cordier | Saint-Émilion | Côte et sables anciens |
| Ch. Lamarzelle | G.F.A. Carrère Edmond | Saint-Émilion | Sables anciens et graves |
| Ch. Laniote | Arnaud et Florence de la Filolie | Saint-Émilion | Sables anciens |
| Ch. Larcis-Ducasse | Mme Hélène Gratiot-Alphandery | St-L.-des-Combes | Côtes et pied de côte |
| Ch. Larmande | La Mondiale | Saint-Émilion | Sables anciens |
| Ch. Laroque | G.F.A. St.-Christophe-des-Bardes | St. Ch.-des-Bardes | Plateau |
| Château Laroze | Meslin Family | Saint-Émilion | Sables anciens |
| Château Matras | G.F.A. du château Matras ; V. Gaboriaud-Bernard | Saint-Émilion | Pied de côte |
| Château Moulin du Cadet | S.C. Ch. Moulin du Cadet | Saint-Émilion | Côte et sables anciens |

## GRANDS CRUS CLASSÉS (1996)

| NOMS DES CRUS | NOMS DES ACTUELS PROPRIÉTAIRES | COMMUNES | NATURE DOMINANTE DES SOLS |
|---|---|---|---|
| Clos de L'Oratoire | Comtes von Neipperg | Saint-Émilion | Pied de côte |
| Château Pavie-Decesse | S.C.A. du ch. Pavie-Decesse | Saint-Émilion | Plateau et côte |
| Château Pavie-Macquin | Héritiers Corre-Macquin | Saint-Émilion | Plateau et côte |
| Ch. Petit-Faurie-de-Soutard | Mme F. Capdemourlin | Saint-Émilion | Sables anciens et côte |
| Château Le Prieuré | S.C.E. Baronne Guichard | Saint-Émilion | Plateau et côte |
| Château Ripeau | Mme Françoise de Wilde | Saint-Émilion | Sables anciens |
| Ch. St-Georges Côte-Pavie | M. Jacques Masson | Saint-Émilion | Côte et pied de côte |
| Clos Saint-Martin | S.C. des Grandes-Murailles | Saint-Émilion | Côtes et sables anciens |
| Château La Serre | M. B. d'Arfeuille | Saint-Émilion | Plateau |
| Château Soutard | Famille des Ligneris | Saint-Émilion | Plateau et côte |
| Château Tertre Daugay | Comte de Malet-Roquefort | Saint-Émilion | Plateau et côte |
| Château La Tour Figeac | S.C. du ch. La Tour-Figeac | Saint-Émilion | Sables anciens et graves |
| Ch. La Tour-du-Pin-Figeac | G.F.A. Giraud-Belivier | Saint-Émilion | Sables anciens et graves |
| Ch. La Tour du Pin Figeac-Moueix | S.C.E.A. Vnes Jean-Michel Moueix | Saint-Émilion | Sables anciens et graves |
| Ch. Troplong-Mondot | G.F.A.Valette | Saint-Émilion | Plateau |
| Château Villemaurine | G.F.A. du ch. Villemaurine | Saint-Émilion | Plateau |
| Château Yon-Figeac | G.F.A. du ch. Yon-Figeac | Saint-Émilion | Sables anciens |

# TABLEAUX DES CRUS DU MÉDOC ET LEURS PROPRIÉTAIRES

## PREMIERS CRUS

| COMMUNES | NOMS DES CRUS CLASSÉS EN 1855 | NOMS DES PROPRIÉTAIRES EN 1855 | NOMS ACTUELS DES CRUS CLASSÉS | NOMS DES PROPRIÉTAIRES ACTUELS |
|---|---|---|---|---|
| Pauillac | Ch. Lafite (1) | Sir Samuel Scott | Ch. Lafite Rothschild | Barons de Rothschild |
| Pauillac | Ch. Latour (1) & | M. de Beaumont<br>M. de Courtivron<br>M. de Flers | Ch. Latour | M. François Pinault |
| Margaux | Ch. Margaux (1) | M. Aguado | Ch. Margaux | S.C.A. du ch. Margaux |
| Pauillac | Ch. Mouton | Baron N. de Rothschild | Ch. Mouton-Rothschild | G.F.A. Baronne P. de Rothschild |
| Pessac | Ch. Haut-Brion (2) | M. Eugène Larrieu | Ch. Haut-Brion | Dne Clarence DillonS.A. |

(1) *Classé premier cru en 1855.* (2) *Cru des Graves, classé premier cru en 1855.*

## SECONDS CRUS

*(Dans l'ordre alphabétique de leurs noms actuels)*

| COMMUNES | NOMS DES CRUS CLASSÉS EN 1855 | NOMS DES PROPRIÉTAIRES EN 1855 | NOMS ACTUELS DES CRUS CLASSÉS | NOMS DES PROPRIÉTAIRES ACTUELS |
|---|---|---|---|---|
| Cantenac | Ch. Brane | Baron de Branne | Ch. Brane-Cantenac | M. Lucien Lurton |
| St-Estèphe | Ch. Cos-Destournel | M. Martyns | Ch. Cos-d'Estournel | Jean Merlaut |
| Saint-Julien | Ch. Ducru-Beau-Caillou | M. Ducru-Ravez | Ch. Ducru-Beaucaillou | Famille Borie |
| Margaux | Ch. Vivens-Durfort | M. de Puységur | Ch. Durfort Vivens | M. Gonzague Lurton |
| Saint-Julien | Ch. Gruau & Laroze | M. de Bethman<br>Baron Sarget<br>M. de Boisgérard | Ch. Gruaud-Larose | S.A. Ch. Gruau-Laroze |
| Margaux | Ch. Lascombe | Mlle Hue | Ch. Lascombes | Groupe Bass |
| Saint-Julien | Ch. Léoville & | Marquis de Las Cazes<br>Baron de Poyféré<br>M. Barton | Ch. L. Las Cases<br>Ch. L. Poyféré<br>Ch. L. Barton | S.C. Ch. Léoville Las Cases, G.F.A. Dne de St-Julien, M. Anthony Barton |
| St-Estèphe | Ch. Montrose | M. Dumoulin | Ch. Montrose | M. J.-Louis Charmolüe |

## SECONDS CRUS

| COMMUNES | NOMS DES CRUS CLASSÉS EN 1855 | NOMS DES PROPRIÉTAIRES EN 1855 | NOMS ACTUELS DES CRUS CLASSÉS | NOMS DES PROPRIÉTAIRES ACTUELS |
|---|---|---|---|---|
| Pauillac | Ch. Pichon-Longueville | Baron de Pichon Longueville | Ch. Pichon-Longueville, Ch. Pichon-Longueville-Csse de Lalande | AXA Millésimes, Mme M. E. de Lencquesaing |
| Margaux | Ch. Rauzan Ségla Gassies | Csse de Castel Pers, M. Viguerie | Ch. Rausan-Ségla, Ch. Rauzan-Gassies | Ch. Rausan-Ségla, M. Jean-Michel Quié |

## TROISIÈMES CRUS

*(Dans l'ordre alphabétique de leurs noms actuels)*

| COMMUNES | NOMS DES CRUS CLASSÉS EN 1855 | NOMS DES PROPRIÉTAIRES EN 1855 | NOMS ACTUELS DES CRUS CLASSÉS | NOMS DES PROPRIÉTAIRES ACTUELS |
|---|---|---|---|---|
| Cantenac | Ch. Boyd | Plusieurs propriétaires | Ch. Boyd-Cantenac Ch. Cantenac-Brown | G.F.A. du ch. Boyd-Cantenac Axa Millésimes |
| St-Estèphe | Ch. Calon | M. S. Lestapis | Ch. Calon-Ségur | S.C.E.A. Calon-Ségur ; Ph. Capbern-Gasqueton |
| Margaux | Ch. Desmirail | M. Sipière | Ch. Desmirail | M. Denis Lurton |
| Margaux | Ch. Dubignon | M. P. Dubignon M. M. Dubignon | (n'existe plus) | |
| Margaux | Ch. Ferrière | Mme Vve J. Ferrière | Ch. Ferrière | S.A. du Ch. Ferrière |
| Labarde | Ch. Giscours | M. Pescatore | Ch. Giscours | G.F.A. Nicolas Tari |
| Cantenac | Ch. d'Issan | M. Blanchy | Ch. d'Issan | S.C. du ch. d'Issan |
| Cantenac | Ch.Kirwan | M. Deschriver | Ch. Kirwan | Schröder & Schÿler & Cie |
| Saint-Julien | Ch. Lagrange | Comte Duchâtel | Ch. Lagrange | S.A. du ch. Lagrange |
| Ludon | Ch. Lalagune | Mme Vve Jouffroy-Piston | Ch. La Lagune | M. J.-Michel Ducellier |
| Saint-Julien | Ch. Langoa | M. Barton | Ch. Langoa | M. Anthony Barton |
| Margaux | Ch. Saint-Exupéry | M. Fourcade | Ch. Malescot-St-Exupéry | M. Roger Zuger |
| Margaux | Ch. Becker | MM. Sznajderski & Rolland | Ch. Marquis-d'Alesme-Becker | M. Jean-Claude Zuger |
| Cantenac | Ch. Palmer | M. E. Pereire | Ch. Palmer | S.C.I. du ch. Palmer |

## QUATRIÈMES CRUS

*(Dans l'ordre alphabétique de leurs noms actuels)*

| COMMUNES | NOMS DES CRUS CLASSÉS EN 1855 | NOMS DES PROPRIÉTAIRES EN 1855 | NOMS ACTUELS DES CRUS CLASSÉS | NOMS DES PROPRIÉTAIRES ACTUELS |
|---|---|---|---|---|
| Saint-Julien | Ch. de Beychevelle | M. F. Guestier | Ch. Beychevelle | Grands Millésimes de France |
| Saint-Julien | Ch. Du-Luc | M. Du Luc Aîné | Ch. Branaire-Ducru | S.C. du ch. Branaire Ducru |
| Pauillac | Ch. Duhart | M. Castéja | Ch. Duhart-Milon Rothschild | S.C. Duhart-Milon Rothschild |
| St-Estèphe | Ch. Rochet | Mme Vve Lafon de Camarsac | Ch. Lafon-Rochet | G.F.A. ch. Lafon-Rochet |
| Margaux | Ch. Marquis-de-Thermes | M. Sollberg | Ch. Marquis de Terme | S.C.A. ch. Marquis de Terme Sénéclauze |
| Cantenac | Ch. Poujet-Lassale<br>Ch. Poujet | M. Izan<br>M. de Chavaille | Ch. Pouget | G.F.A. du ch. Pouget |
| Cantenac | Ch. Le Prieuré | Mme Vve Pagès | Ch. Prieuré-Lichine | Groupe Ballande |
| Saint-Julien | Ch. Saint-Pierre | M. Bontemps-Dubarry<br>Mme Vve Roullet<br>Mme Vve Galloupeau | Ch. Saint-Pierre | Mme Françoise Triaud |
| Saint-Julien | Ch. Talbot | Marquis d'Aux | Ch. Talbot | Mmes Rustmann-Cordier & Bignon-Cordier |
| St-Laurent | Ch. Carnet | M. de Luëtkens | Ch. La Tour Carnet | G.F.A. Ch. La Tour Carnet |

## CINQUIÈMES CRUS

*(Dans l'ordre alphabétique de leurs noms actuels)*

| COMMUNES | NOMS DES CRUS CLASSÉS EN 1855 | NOMS DES PROPRIÉTAIRES EN 1855 | NOMS ACTUELS DES CRUS CLASSÉS | NOMS DES PROPRIÉTAIRES ACTUELS |
|---|---|---|---|---|
| Pauillac | Ch. Batailley | M. F. Guestier & | Ch. Batailley<br>Ch. Haut-Batailley | Héritiers Castéja<br>Mme des Brest-Borie |
| St-Laurent | Ch. Coutenceau | M. Bruno-Devez | Ch. Belgrave | G.F.A. du ch. Belgrave |
| St-Laurent | Ch. Camensac | M. Popp | Ch. de Camensac | G.F.A. du ch. de Camensac |
| Macau | Ch. Cantemerle | Mme de Villeneuve-Durfort | Ch. Cantemerle | Groupe S.M.A.B.T.P. |
| Pauillac | Ch. Clerc-Milon | M. Clerc | Ch. Clerc Milon | G.F.A. Baronne Philippine de Rothschild |
| St-Estèphe | Ch. Cos-Labory | M. Martyns | Ch. Cos-Labory | S.C.E. Dom. Audoy |
| Pauillac | Ch. Croizet-Bages | M. P. Calvé | Ch. Croizet-Bages | Jean-Michel Quié |
| Labarde | Ch. Dauzac | M. Wiebrok | Ch. Dauzac | M.A.I.F. |
| Pauillac | Ch. Artigues-Arnaud | M. Duroy de Suduiraut | Ch. Grand-Puy-Ducasse | S.C. de Grand-Puy-Ducasse |
| Pauillac | Ch. Grand-Puy | M. F. Lacoste | Ch. Grand-Puy-Lacoste | Famille Borie |
| Pauillac | Ch. Haut-Bages | M. Libéral | Ch. Haut-Bages-Libéral | S.A. Haut-Bages-Libéral |
| Pauillac | Ch. Lynch | M. Jurine | Ch. Lynch-Bages | Familles Cazes |
| Pauillac | Ch. Lynch-Moussas | M. Vasquez | Ch. Lynch-Moussas | Héritiers Castéja |
| Pauillac | Ch. Darmailhac | Mme d'Armailhac | Ch. Mouton-Baronne-Philippe | G.F.A. Baronne Philippine de Rothschild |
| Pauillac | Ch. Pédescleaux | M. Pédescleaux | Ch. Pédesclaux | G.F.A. du ch. Pédesclaux |
| Pauillac | Ch. Canet | M. de Pontet | Ch. Pontet-Canet | G.F.A. ch. Pontet-Canet |
| Arsac | Ch. Le Tertre | M. Henry | Ch. du Tertre | S.C. du ch. du Tertre |

# BIBLIOGRAPHIE SÉLECTIVE

*Bordeaux et ses Vins*, Éditions Féret, 15 éditions de 1850 à nos jours.

Bernard Ginestet (sous la dir. de ), *Le Grand Bernard des vins de France* (plus de 20 ouvrages consacrés chacun à une A.O.C.), Éditions Jacques Legrand.

Henri Enjalbert, *Les grands Vins de Saint-Émilion, Pomerol et Fronsac*, Éditions Bardi, 1983.

Jacques Puisais, *Le Goût juste des vins et des plats*, Flammarion, 1985.

Marie-José Thiney, *Petit Guide d'œnologie*, Mollat, 1992.

James Halliday et Hugh Johnson, *L'Art du vin dans le monde*, Hachette, 1993.

Émile Peynaud et Michel Guillard, *Œnologue dans le siècle : entretien*, La Table Ronde, 1995.

Émile Peynaud et Jacques Blouin, *Le Goût du vin*, Dunod, 1996.

Hubrecht Duijker et Michael Broadbent, *Les Bordeaux, un atlas*, Gründ, 1997.

Hugh Johnson, *Nouvel Atlas mondial du vin*, Laffont, 1997.

Dewey Markham Jr., 1855, *Histoire d'un classement des vins de Bordeaux*, Éditions Féret, 1997.

Jancis Robinson (sous la dir. de), *Encyclopédie du vin*, Hachette, 1997.

Thierry Desseauve, *Le Livre du vin*, Flammarion, 1998.

Alexis Lichine, *Encyclopédie des vins et des alcools : de tous les pays*, collection Bouquins, Éditions Laffont, 1998 (mise à jour Jo Gryn).

*Guide Hachette*, Éditions Hachette, 2000.

Marc Lagrange, *Paroles de Vin*, Éditions Féret, 2000.

*Les Vins des Premières Côtes de Bordeaux et Cadillac*, Éditions Féret, 2000.

*Collection des Usuels Féret de la Vigne et du Vin*, Éditions Féret, (10 ouvrages consacrés à la viticulture et à l'œnologie).

---

**Crédits photographiques : Archives Flammarion : p. 18, 82; Archives municipales de Bordeaux : 7, 16, 76-77, 101, 102-103; Barton et Guestier : 9, 14-15; J. P. Bost : 39; Burdin S.A. : 86; CDT 33, B. P. Lamarque : 4-5, 19, 33, 42 h., 52, 90-9; CIVB : 20-21, Gilles d'Auzac : 36, F. Mousis : 100 b., P. Roy : 43, 84-85; Château Belgrave : 25; Ch. Beychevelle : 26-27; Ch. Bonnet : 29; Ch. Chasse Spleen : 75; Ch. Cheval-Blanc : 35; Ch. Cloziot : 37; Ch. Côte Monpezat : 38 b.; Ch. Ducru Beaucaillou : 45; Ch. d'Escurac : 48; Ch. Grand Mouëys : 53; Ch. Guiraud : 56 b.; Ch. Haut Brion : 57, 80-81; Ch. Haut Brondo : 56 h.; Ch. Haute-Faucherie : 72-73; Ch. Haut Marbuzet : 58 h.; Ch. de Jayle : 10-11; Ch. Landiras : 54; Ch. Laroque : 38 h.; Ch. Latour : 61; Ch. Latour Martillac : 62-63; Ch. Maison-Blanche : 66 b.; Ch. Margaux : 69; Ch. Montdésir Gazin : 72 h. ; Ch. Montrose : 74; Ch. Nodoz : 78; Ch. Pétrus : 82; Ch. Pichon Longueville : 59; Ch. Poujeaux : 83 b., 104; Ch. Puygueraud : 89 h.; Ch. La Rame : 89 b.; Ch. Saint-Georges : 93 b.; Ch. du Seuil : 100 h.; Ch. Talbot : 94; Ch. Tour Haut-Cassaudan : 102; Ch. Tour de Ségur : 105; Ch. d'Yquem, R. Dieth : 107; P. Cronenberger : 12-13, 22-23, 28, 32, 42 b., 50-51, 55, 64-65, 70, Editions Féret : 24, 63, 79, 92-93, photo E. Roger : 40, 44 b., 49; J. d'Hugues : 103; Musée d'Aquitaine, J. M. Arnaud : 6; B. Sirot : 17, 34, 37, 30-31, 41, 46-47, 58 b., 60, 66 h., 67, 88, 95, 96-97, 98-99; P. de Rothschild : 44 h.; C. Tauzinat : 21; Vieux Ch. Gaubert : 106**

Papier : BVS-Plus brillant 135 g distribué par Axe Papier, Champigny-sur-Marne
Papier de couverture : Trucard 260 g, Arjomari Diffusion
Couverture imprimée par Pollina s.a., Luçon
Achevé d'imprimer et broché en août 2000 par Pollina s.a., Luçon

100 % chlorfrei chlorine free sans chlore exento de cloro senza cloro



ISBN : 2-08-012685-7
ISSN : 1275-2789
N° d'édition : FA 268501
N° d'impression : L81264
Dépôt légal : août 2000

*Imprimé en France : Pollina S.A., 85400 Luçon. N°L81264*

Pages 4-5 : Saint-Aignan